Nicholas F. Callaway

Cantarranas

la Menor

La presente edición ha contado
con una ayuda del Departamento de Cultura y
Política Lingüística del Gobierno Vasco.

CANiCHE

Caniche Editorial S. L.
Iturribide Etxea
Ibinaga Auzoa, 14
48311 Ibarrangelu, Bizkaia

canicheeditorial.com
canicheeditorial@gmail.com

Cantarranas
Nicholas F. Callaway
© De los textos: Nicholas F. Callaway
© De las imágenes: los autores e instituciones referenciadas
© De la edición: Caniche Editorial, 2025

Diseño: Setanta

ISBN: 978-84-129787-9-7
Depósito legal: BI 01152-2025
Impreso por Grafilur
Impreso en España

El papel utilizado en este libro es libre de cloro y está calificado como papel ecológico proveniente de bosques gestionados de acuerdo a los estándares de sostenibilidad responsable y socialmente beneficiosa (certificación medioambiental ISO 14001 y certificado de cadena de custodia FSC, Forest Stewarship Council). Los procesos de producción y el resto de materiales empleados cumplen, asimismo, idénticos requisitos de sostenibilidad.

A Teté y Sebastian

Había árboles, había gente, pero ahora solo quedan allí los sueños de todos ellos.

El nombre del mundo es bosque, Ursula K. Le Guin

CANTARRANAS

En la Ciudad Universitaria de Madrid hay un pasadizo al que se accede tras dejar atrás la Escuela de Agrónomos, la Casa de Velázquez y un campo deportivo. Dentro, la penumbra —apacible o tétrica, según la hora del día— deja ver, al final de la acera, incrustada en el suelo, una losa cuadrada de hormigón pulido, gastada por el tiempo, que conserva cierta elegancia. Aún se distingue el cisne heráldico del cardenal Cisneros —fundador de la universidad histórica—, acompañado de las siglas de la Ciudad Universitaria. La primera vez que reparé en ella, de camino a la Facultad de Bellas Artes, me sorprendió como si fuese un vestigio extraviado: un elemento que no parecía pertenecer del todo a aquel lugar, sino a *otro* ya desaparecido.

Aunque no llegué a esclarecer su origen exacto —se encuentra también en otras zonas del campus que datan de los años veinte y treinta—, en el curso de la búsqueda descubrí que, alrededor de este túnel y de la estructura que lo alberga —el semienterrado y tapiado viaducto de los Quince Ojos, con quince hileras de arcos de medio punto—, se enroscaba una maraña de historias, que empecé a rastrear de forma compulsiva. Esta investigación también me condujo a otra estructura hermana, hoy invisible, que se encontraba no muy lejos de la salida de aquel túnel: el viaducto del Aire, que formaba un único arco diáfano, de treinta y seis metros de luz.

Hace ahora casi un siglo, justo al lado del lugar donde este elegante puente hiberna bajo tierra, salieron a la luz los restos de otra historia enterrada y olvidada, en este caso durante cuatro milenios. A principios de los años treinta, la finca de la Moncloa —entonces conocida por su historia noble, sus jardines, sus campos de cultivo y sus rincones románticos— estaba envuelta en un intenso movimiento de tierras para adecuar el terreno a la naciente Ciudad Universitaria. La finca, cedida por Alfonso XIII, entrañaba la desventaja de una topografía muy accidentada en torno al arroyo de Cantarranas, cuyo cauce dividía los terrenos en dos mediante un valle conocido como la vaguada de Cantarranas. En vez de buscar una solución constructiva que aprovechara estos desniveles, se optó por emplazar la nueva universidad alrededor de la vaguada, con los dos grandes viaductos para pasar de un lado a otro.

En las lindes de la vaguada, donde esta formaba un profundo barranco antes de abrirse hacia la vega del Manzanares, se estaba explanando el terreno para construir, por un lado, el estadio universitario y, por otro, el viaducto del Aire, sobre el cual debía discurrir la línea de tranvía de Puerta de Hierro. Una tarde de enero de 1930, José Viloria —cobrador de tranvía y aficionado a la arqueología y paleontología—, paseando con sus hijos por la finca, quiso revisar la zona en obras por si aparecía algún artefacto antiguo. Allí se fijó en unas manchas curvas de tierra oscura en los cortes del terreno. Aunque él diría que sus hallazgos eran «siempre a tontas y a locas, sin preparación suficiente», Viloria sabía dónde buscar; llevaba ya años dedicándose a localizar yacimientos arqueológicos en sus «ratos de ocio, que eran pocos», de manera que ya había detectado en otra obra más o menos cercana las mismas formas semiovaladas, que no eran sino los basureros y fondos de cabaña de un poblado prehistórico.

Tras el aviso de Viloria, las obras se pararon, y el 27 de mayo un equipo liderado por el arqueólogo municipal José Pérez de Barradas comenzó una excavación sistemática del lugar que logró identificar no solo artefactos, sino también fenómenos del terreno sumamente delicados. En muchos casos, según Barradas, los restos se reducían a meras diferencias en la tonalidad de tierra, «manchas negras, producto de la carbonización de los postes», que representaban las huellas de al menos treinta y dos cabañas prehistóricas de principios de la Edad del Bronce, de aproximadamente 2500-2000 a. C.

Si en abril de 1930, durante una visita de prensa a las obras de la Ciudad Universitaria, *El Imparcial* cita al arquitecto jefe Modesto López Otero presumiendo de «que cerca del viaducto de Cantarranas han aparecido restos de una ciudad neolítica que serán conservados y que están siendo estudiados por el señor Barradas», tras un verano de trabajo, el proyecto se suspendió el 2 de agosto de 1930, sin haber ni siquiera llegado a terminar de excavar la zona. Después de esperar dos años y un cambio de régimen sin que se reanudaran los trabajos, Barradas decidió publicar en el *Anuario de prehistoria madrileña* un estudio preliminar —«Excavaciones en el poblado eneolítico de Cantarranas»—, una mera «nota provisional» a la espera de una «excavación completa del poblado y restauración total del material recogido», que no llegaría a materializarse jamás. De hecho, el propio *Anuario* dejó de publicarse durante tres años; el número de 1935 fue el último de esta revista, que desapareció con la Guerra Civil. Tampoco el estadio motivo de las obras se llegaría a construir.

Durante el calcolítico —lo que Barradas llama «eneolítico»[1]—, el barranco de Cantarranas ofrecía

---

1. De *aeneus* (bronce) y *lítico* (relativo a la piedra), sinónimo del término más común «calcolítico», período durante el cual convivía el uso de útiles pétreos con la introducción del bronce y el cobre.

al poblado una defensa natural, a la vez que, del otro lado, la planicie que descendía hacia el Manzanares aseguraba la comunicación visual con otros asentamientos coetáneos, incluido el otro poblado descubierto por el tranviario Viloria. Además de combinar visibilidad y defensa, se ubicaba cerca de un arroyo estacional y de dos manantiales —encauzados en tiempos modernos en sendas fuentes—, lo que en su conjunto hacía que el lugar fuera idóneo para un asentamiento. Mientras que los alrededores habrían sido bosque, hacia el sur del poblado los habitantes posiblemente cultivaban cereales, uso que, según relata Barradas, aún prevalecía en esta parte de la Moncloa cuatro mil años después.

En los cuatro milenios desde el abandono del poblado, solo 40-50 cm de tierra habían llegado a cubrir el antiguo suelo en el cual se habían cavado los fondos de cabaña y los basureros del poblado prehistórico. En estos últimos, más profundos y llenos de tierra negra, se habían vertido los restos domésticos, mientras que los fondos poco profundos representaban los suelos de las casas. Barradas se extraña de «la pobreza de hallazgos, a pesar del cuidado con que lo hemos excavado, no solo por lo que se refiere al escaso número de piezas, sino al poco interés de ellas». Estos artefactos incluyen fragmentos de cerámica (por ejemplo, cerámica negra), lámparas de barro o vasos pintados de rojo o con decoración incisa; restos de animales, como huesos de toro, oveja, cabra y cerdo o astas de toro, ciervo y cabra; una concha, e incluso fragmentos de fémures humanos; útiles como hachas, puntas de flecha, punzones de hueso, molinos de granito o coladores, así como materias primas y subproductos como ceniza, lascas de sílex, malaquita o «un fragmento de hueso con huellas de haberse sacado botones», muchos de los cuales se pueden ver hoy en el sótano del Museo de San Isidro.

Aparecieron también trozos de arcilla que llevaban impresas las huellas de palos de madera: eran restos del revestimiento de arcilla que cubría los postes y estacas transversales de las cabañas. En algunos ejemplares se aprecia la huella fina de las cuerdas que unían las estacas. Según Barradas, estos fragmentos se cocían accidentalmente, tal vez cuando una cabaña se incendiaba, o simplemente por proximidad al lar —sin embargo, no descarta la posibilidad de un final violento, con el saqueo e incendio de las cabañas: la conservación de la contraforma delicada, precisamente en el momento de la destrucción—. A título de curiosidad, comenta un efecto directo que seguía teniendo el poblado prehistórico sobre la flora del lugar: justo encima de los basureros y los fondos de cabaña crecían casi siempre «grandes cardos, los que buscaban, seguramente, la materia orgánica y ceniza de los mismos».

La prensa del momento que se hizo eco del hallazgo se referiría a Viloria como «culto tranviario». A partir de este giro, en julio de 1930 Manuel Abril teje, en el diario humorístico *Buen Humor*, el relato satírico «El cobrador arqueológico», en el cual el narrador coge «el tranvía donde presta sus servicios el aludido cobrador —porque el tranviario aludido es cobrador—» para «rendir homenaje y pleitesía al culto tranviario», un juego con la palabra *culto* —como adjetivo (instruido) y como sustantivo (rito litúrgico)—, que se explorará en todos sus matices.

Cuenta en el relato que «el culto tranviario ha descubierto, en los terrenos de la Ciudad Universitaria, nada menos que otra ciudad, esta otra prehistórica». Sin embargo, en cuanto se sube al tranvía para hablar con Viloria, se arma una discusión entre el narrador, Viloria, un albañil de izquierdas y un argentino. El albañil anticlerical exclama: «¡*Ná* de cultos!», a lo que el narrador replica: «Lo liberal fetén pregona y establece la libertad de cultos. [...] Este funcionario cobrador es una prueba patente de la libertad de cultos: se ha culturado libremente y por sí solo hasta llegar a la honra del descubrimiento de ahora».

Mientras tanto, el argentino se ha quedado con curiosidad; los manda callar y pregunta al tranviario: «¿Se trata, efectivamente, de una ciudad prehistórica? [...] ¿Y la ha descubierto usted?». «Un servidor», replica el cobrador; a lo que el albañil contesta: «*Amos*, ande..., la ha descubierto el proletario; la ha descubierto la *brigá* de excavadores». De nuevo el narrador sale a la defensa del tranviario: «También ha hecho lo suyo con ver cuatro cacharros y decir al volquete: "¡Para el carro! Hemos *dao* con el plioceno"... ¿Plioceno o mioceno?». Nadie se salva de una mirada satírica que se deleita en las contradicciones ideológicas de esta especie de *stultifera navis*.

Manuel Abril va sacando a colación los datos de las notas de prensa para alimentar sus incansables juegos de palabras, hasta finalmente dar lugar a un diálogo en torno al hecho en sí del paso del tiempo, la ruina y la reconstrucción del pasado:

—Pero oiga, cobrador, una cosa que a nosotros nos intriga: ¿nos quiere usted explicar por qué demonios estaban las ciudades antiguas bajo tierra? [...]
—En la prehistoria, señor, llovía tierra y no agua.
—Eso ¿es histórico?
—No; eso es prehistórico. [...] Y en la prehistoria, a veces, la tierra estaba tan blanda, que se hundían las ciudades.

Tras un preámbulo disparatado, llega a una visión de la historia digna del «ángel de la historia» de Walter Benjamin, aquel que no solo ve una cadena de acontecimientos, sino «una catástrofe única, que arroja a sus pies ruina sobre ruina, amontonándolas sin cesar», mientras él es arrastrado hacia el futuro por el huracán del *progreso*:

—Y en esta ciudad de aquí, ¿qué ocurrió, a su parecer: lo primero o lo segundo?

—En esta ocurrió lo segundo... Este debía de ser un terreno pantanoso; lo indica el nombre del lugar, llamado «Cantarranas», [...] y lo está indicando, asimismo, el nombre de Moncloa, que viene de monte-cloa, o bien monte-cloaca. Nadie ignora que son estos parajes el vertedero de Madrid... También entonces lo eran.

—Pero ¿cómo que también? ¿Pero había Madrid en aquel tiempo?

—¡Pues no había de haber!

—Pero tranviario, ¡por Dios!... ¡¿Que existía ya Madrid en la prehistoria?!

—¡Ya lo creo!... Tiren Madrid y excaven, y verán... Debajo de este Madrid está el otro, el prehistórico. [...]

—Entonces, puede que debajo de esta se encuentre ya construida la Ciudad Universitaria de aquel tiempo...

—Ténganlo ustedes por seguro... Se construyó hace mil años; pero el partido popular[2] exigió responsabilida-

2. Podría ser una referencia al Partido Social Popular, que existió hasta tiempos de Primo de Rivera, o en general a los partidos populares de corte democristiano que estaban en boga en muchas partes de Europa en ese momento.

des, por entonces, y después de mucho discutir, se echó tierra encima.

—Ahora sí que nos parece, cobrador, que ha puesto usted el dedo en la llaga... Esa debe de ser la razón de que haya tantas ciudades enterradas.

—¡Ah, por supuesto! Pues ¡claro!... Siempre que la civilización llega a un grado..., hay que echar tierra.

Hasta un partido popular *avant la lettre* —en este caso parece referirse a la derecha democristiana— asiste a esta ruina sobre ruina, catástrofe única. Pero la verdadera llaga, más allá de la sátira, es nuestra propia visión de la historia de los lugares, pues si, por un lado, parece absurdo creer, en los términos del relato, que en la prehistoria ya existiera otra Ciudad Universitaria, por otro, uno suele dar por hecho su entorno: lo que está parece que haya estado siempre. Sabemos, por supuesto, que los lugares evolucionan y que las ciudades se construyen, pero mediante una disonancia cognitiva tendemos a creer con fervor que nuestra identidad, íntimamente ligada al lugar, ha existido siempre: Madrid, España, Europa...

De hecho, el propio nombre completo del museo que hoy custodia los hallazgos del equipo de Barradas, Museo de San Isidro. Los Orígenes de Madrid, delata esta actitud, como si el poblado prehistórico ya hubiera sido madrileño sin saberlo. En esta visión, la jurisdicción de Madrid, o de cualquier otro lugar, se extiende incluso a épocas en las que este topónimo sería del todo anacrónico. Una noticia de julio de 1930, por ejemplo, afirma en estos términos, pero sin ninguna ironía, que Viloria «ha descubierto en las obras de la Ciudad Universitaria el Madrid prehistórico. Un Madrid de hace cuatro mil quinientos años».

Si bien Manuel Abril se recrea en una versión humorística de Viloria en la que este aparece como una especie de bufón ilustrado, en la vida real, el propio Viloria se autorretrataba también en clave humorística en las viñetas de la revista ugetista *Transporte*, de la Sociedad de Obreros y Empleados de Tranvías. A sus contribuciones gráficas en *Transporte* se asoman de vez en cuando aspectos del imaginario del arqueólogo, como en una viñeta del 15 de enero de 1934, donde «la caverna» —Iglesia, monarquía y fascismo— se enfrenta con el dirigente socialista Francisco Largo Caballero, que pasa de homúnculo a gigante.

Una caverna fue, precisamente, el primer hallazgo importante de un Viloria aún adolescente: la cueva prehistórica de El Higueral, en Cádiz. En sus dibujos y textos abundan los picos y las piedras, como en esta otra viñeta, del 15 de abril de 1932, donde aparece de nuevo un autorretrato.

Aquí el suelo rocoso es el contrato de los tranviarios, fortalecido «durante tantos años» contra el pico de Compañía, un personaje recurrente que algunas veces lleva chistera y otras toma la forma de capitán militar, o incluso de niña. La calidad de los dibujos de Viloria no sigue una evolución lineal en

el tiempo —este dibujo de 1932 es muchísimo más conseguido que el de la caverna, de 1934—, de lo que cabe entender que variaban según el tiempo libre de que disponía, en general escaso (aparte de ser, en sus propias palabras, «prisionero del trabajo» y de dedicarse a búsquedas arqueológicas, él y su mujer, Juliana Romanillos, tenían cinco hijos a su cargo).

En un mundo gris y marrón, dos esqueletos humanos rotos yacen en el suelo bajo cuatro hileras de arcos y pilares. Por el lado izquierdo de la imagen, una mancha gris claro-azulado atraviesa el bosque de pilares. Hay restos extraños: una bandera rojiza hecha jirones que sale de un barril, otro barril humeante, setas, herraduras, una guitarra rota, un lagarto subido a una columna, una rana muerta. Es el *Antro de Fósiles*, de 1930, de la pintora Maruja Mallo, afincada en Madrid desde 1926.

En las mismas fechas de las que data la serie a la que pertenece, *Cloacas y campanarios*, se estaba construyendo el viaducto de los Quince Ojos a unos veinte minutos andando de la casa de la pintora en el barrio de Argüelles. En un texto publicado en 1939 desde el exilio en Buenos Aires, Mallo explica que la serie se inspira en los paisajes de los alrededores de la capital, una «plástica que ha surgido de los arrabales y de las afueras de Madrid». Dicho de otra manera: «Estos eran los panoramas necrológicos que encontraba en el centro y en los vertederos de los alrededores de la capital, 1929-1931».

Cloacas y campanarios chocó a la crítica por el contraste con su anterior serie, *Verbenas*, llena de color y vitalismo, y, sin embargo, las une no solo una visión grotesca del ser humano, sino también el hecho de que las verbenas y fiestas populares se realizaban en las calles céntricas, sí, pero también en los alrededores de la capital, en ese arco que se extendía desde la Pradera de San Isidro hasta la Moncloa, pasando por la Bombilla y el parque del Oeste.

Si en las *Verbenas* la gente común de Madrid se viste de cura, de obispo, de soldado o de guardia civil, en las *Cloacas,* de alguna manera, encontramos los mismos parajes ya pasada la fiesta: las guitarras rotas y el suelo encharcado, lleno de restos de pescado. Un crítico madrileño que aplaudió la nueva serie en *Blanco y Negro* fue precisamente Manuel Abril quien, solo cinco meses después de ironizar sobre el «cobrador arqueológico» en *Buen Humor,* percibía en la nueva obra de Mallo una «cabeza firme» que se sumerge en «las entrañas de la tierra».

En 1931, la artista se llevó la serie a París, a donde viajó con una beca de la Junta para Ampliación de Estudios. Que André Breton comprara el cuadro *Espantapájaros* confirmó el éxito de su primera exposición en la capital francesa, celebrada en 1932 en la Galerie Pierre. El crítico de arte y director de la revista *Europe,* Jean Cassou, quiso ver en los colores de la serie «esos grises inimitables, casi se podría decir: de esos grises humorísticos, que solo los españoles conocen y que hechizan por su secreta e inalterable aristocracia». Tras las guerras de 1936-45, *Antro de fósiles* estuvo en paradero desconocido, hasta que en 2009 reapareció en una casa de subastas de París. Hoy pertenece a la colección permanente del Museo Reina Sofía. Esos «grises inimitables» parece imitarlos, de hecho, en una sala cercana, otro cuadro mucho más famoso, pintado en París en 1937 por un célebre pintor malagueño.

Un día de finales de verano, tras meses sin pisar Ciudad Universitaria, al llegar a la altura del campo de rugby de Cantarranas, vi que despuntaba una montaña de tierra seca y amarillenta, en un rincón del campo justo delante del viaducto de los Quince Ojos. A pocos metros de distancia había un hoyo enorme. Intrigado, entré en la obra.

Al ver a un hombre mayor que descansaba dentro de una excavadora amarilla, le dije que estaba escribiendo sobre la zona y que tenía curiosidad por el motivo de las obras: «La verdad es que yo solo excavo; el porqué ya no te puedo decir. Pero puedes preguntar a esos hombres de allí», dijo, señalando una caseta de metal, donde di con uno de los encargados.

Tras una primera mirada de desconfianza, el encargado debió de percibir que yo era un ser inofensivo que se interesaba genuinamente por aquel hoyo polvoriento. Me explicó que estaban reparando un gran socavón que había aparecido con las últimas lluvias. Me señaló la antigua columna de acceso al colector de Cantarranas, de ladrillo, rota por una masa de raíces. Le pregunté si podía acercarme a la excavación. «¿Ves esa carreti-lla? Allí te puedes poner para verla».

El fondo del hoyo era de un gris brillante que parecía cemento, aunque era en realidad un polvo finísimo. Me tomé al pie de la letra las instruccio-nes de quedarme donde la carretilla, por si el bor-de cedía. Al fondo de la excavación, un agujero en el suelo: el nuevo acceso al colector principal. Por mucho que se mirara, era difícil conectar el fenó-meno de ese cráter en el suelo con el arroyo o la vaguada. El paisaje hacía pensar más bien en el polvo lunar del que se quejaban los astronautas de las misiones Apolo.

Al volver para despedirme, el encargado estaba acompañado de otro hombre más. Le pregunté si sabía que la zona había sido escenario de comba-te en la Guerra Civil, y si habían dado con algún artefacto bélico. De pronto me pareció que no te-nía muy presente la historia de la Guerra Civil en Madrid. Me contestó que el colector que habían re-parado era muy viejo —«tendría al menos treinta años»—, como para decir que quizás de antes de esa guerra que yo decía.

Luego añadió: «Sí, hombre, encontramos una mano».

«¿En serio?», le pregunté.

«No, es broma; solo encontramos huesos de animal, aquí y allá». El otro hombre se rio.

Antes de abandonar la obra, me acerqué a la montaña de tierra seca. Había restos de ladrillo viejo y de cerámica, y una bota, actual, de goma. Cogí unos trozos de azulejo y de loza, pero de repente me parecieron mucho más interesantes las piedras que estaban entremezcladas con la tierra seca. Eran cantos rodados, como del lecho de un arroyo.

Durante su estancia en Madrid, Pablo Neruda vivió en la Casa de las Flores, donde organizaba fiestas a las que acudían personajes de la escena creativa del momento, entre ellos Maruja Mallo. La casa está muy cerca de la plaza de Moncloa, donde termina la ciudad como tal y empieza la Ciudad Universitaria que, cuando el poeta llegó a Madrid en 1934, se encontraba ya en una fase bastante avanzada de construcción (hacía un año que los estudiantes de Filosofía y Letras cogían allí unos autobuses de dos pisos que les acercaban a la facultad). El viaducto de los Quince Ojos llevaba varios años en pie, elemento anómalo, aislado, que dominaba el paisaje «como la quilla de un navío», al decir de un periodista local. Tan alto era que no tardaría en emplearse para el suicidio, como en un caso de abril 1935, cuando, según la prensa, un hombre de unos cincuenta años se tiró al arroyo de Cantarranas y murió en el acto. Según la carta hallada en su bolsillo, no culpaba a nadie, sin más se había «cansado de la vida».

Fue en estos primeros meses de 1935 cuando Neruda compuso su *Oda a Federico García Lorca*, donde se describen «ciudades con olor a cebolla mojada» que esperan que Lorca pase «cantando roncamente», perseguido por «barcos de esperma». Las golondrinas anidan en su pelo y,

además caracoles y semanas,
mástiles enrollados y cerezas
definitivamente circulan cuando asoman
su pálida cabeza de quince ojos
y tu boca de sangre sumergida.

Es un poema que, a pesar del cariño y devoción que expresa hacia Lorca, refleja el imaginario de una época de oscuros presagios. Las palabras que predominan son variaciones sobre *muerte, noche, llanto* y *sangre*, con, aquí y allá, alguna imagen más alegre, como un Lorca que vuela «vestido de durazno» o erizos que, inspirados por el poeta granadino, «van volando al cielo». Quien leyera el poema sin la nota que especifica la fecha, probablemente lo entendería como elegía antes que como oda.

En medio de este paisaje oscuro se asoma esa «pálida cabeza de quince ojos» que contempla la boca de Lorca, que es «de sangre sumergida». Parece que el nombre del cercano viaducto se había colado en el imaginario de Neruda, ocupando un lugar junto a los monstruos del Apocalipsis, donde también se asoman extrañas bestias con atributos enumerados, como la «bestia que sube del mar», con sus «siete cabezas y diez cuernos». Encima de esta «bestia de color rojo», se sienta la prostituta de Babilonia, que bebe «la sangre de los santos y de los mártires de Jesús». La oda de Neruda, a su vez, se apoya en el imaginario numerológico del Apocalipsis para transmitir la visión de un mundo en el que, de un momento para otro, puede estallar el cataclismo final.

Cinco años antes de haberme asomado al cráter polvoriento de la carretilla y los huesos de animal, ya me había colado en otra ocasión, hacia finales de primavera, en unas obras valladas, abandonadas, en esa misma esquina del campo de rugby, a escasos metros de los arcos tapiados del viaducto. Alrededor de unos cimientos de hormigón, había por todas partes montículos de tierra y cantos rodados donde crecían amapolas y cardos. Cerca de la valla que pretendía vedar el acceso a la obra, semioculta entre el verde y morado de los cardos, una excavadora había abierto una zanja rectangular de unos dos metros de profundidad, como si la máquina se hubiera parado al poco de empezar a cavar. Me introduje en la zanja al ver que, tal como sospechaba, se distinguían claramente dos capas distintas de tierra. La superior tenía un tono amarillo, mientras que el color de la capa inferior era marrón grisáceo. Al inspeccionar de cerca el pliegue donde se unían ambas capas, descubrí abundantes muestras de madera carbonizada. Algunos trozos tenían un grosor y textura aptos para dibujar al carboncillo.

Poco tiempo después, llegado el verano, se mejoró la valla —la obra se había convertido en atajo de los jugadores de rugby—. Para adecuar el campo de rugby a un festival de música, se rellenó de nuevo la zanja a la vez que se despejaron los cantos rodados, con sus amapolas y cardos. Pero durante unos meses se abrió una brecha —pequeña, inadvertida— entre la topografía del presente y la del pasado, pasando por ese pliegue carbonizado, como el oscuro límite K/Pg que marca la destrucción del mundo del cretáceo tras el impacto del asteroide de Chicxulub.

CIUDAD UNIVERSITARIA

Mucho más llamativo que el esbelto viaducto del Aire aguas abajo, y plantado justo en el centro de la Moncloa a la vista de todos, el viaducto de los Quince Ojos empieza a aparecer en la prensa madrileña incluso antes de ser conocido por ese nombre. Las primeras noticias del enorme viaducto de hormigón armado que había de atravesar la vaguada de Cantarranas datan de la primavera de 1929. En épocas anteriores, hubo a lo largo de la vaguada tres pequeños puentes sobre el arroyo (en mayo de 1922, por ejemplo, el diario *ABC* da noticia de una mujer de cuarenta y cinco años que fue atropellada mientras cruzaba el «puente de Cantarranas» al «haberse cegado con la luz de los faros del automóvil»). La escala del nuevo viaducto —proyectado, al igual que el del Aire, por el joven ingeniero Eduardo Torroja— era totalmente distinta a la de cualquier construcción anterior. Y, sin embargo, al realizarse en hormigón armado, su construcción se llevó a cabo en cuestión de pocos meses.

Si entre marzo y mayo de 1929 la prensa solo menciona de pasada unos planes para una «especie de viaducto», a principios de septiembre periódicos como *El Imparcial* ya comentan cómo «sobre el barranco de Cantarranas [...] se construye el viaducto de [...] trescientos metros de longitud que formará parte de la avenida de Alfonso XIII». Cuatro meses más tarde, a principios de 1930, el mecánico encargado de las obras, el colombiano Gabriel Serrano, explica al mismo periódico que, aunque por el momento se erige en medio de la nada, el viaducto «ya casi terminado» pronto «ha de unir dos grandes avenidas».

El fotógrafo Alfonso Sánchez documentó la construcción de ambos viaductos. Del viaducto del Aire (imagen superior), capta un momento hacia el final de su construcción, donde lo diminuto de la figura humana —un obrero que mira desde el tablero hacia abajo, donde varios compañeros trabajan sobre una plataforma adosada a los montantes del puente— ayuda a percibir sus grandes dimensiones, disimuladas por la sencilla geometría con la que Torroja había querido «perturbar lo menos posible el paisaje».

Otra placa de vidrio de Alfonso retrata, aguas arriba, a finales de julio de 1930, la estructura principal ya acabada del viaducto de los Quince Ojos (imagen inferior), que se erige en medio del paisaje.

A la derecha, detrás de un álamo, la estructura acaba abruptamente, a la espera de que la carretera venga a su encuentro. A la izquierda en la

imagen se está formando un terraplén, encima del cual descansa una carretilla delante del segundo ojo. Esta nueva ladera artificial aún había de crecer muchísimo, puesto que de esos primeros dos ojos —el futuro túnel, entonces abierto hacia la ladera y el bosque de pilares— habría de salir en línea recta la calle que conectaría la Escuela de Arquitectura y el estadio con la avenida principal de la universidad. Bordeando el pie del terraplén hay un enorme tubo, a cuyo lado van caminando un niño y una niña. El niño, que va delante, alza la vista hacia el fotógrafo (¿su padre?).

Ese gran tubo o colector —a punto de ser engullido bajo el incipiente terraplén— desemboca en un agujero en el suelo al lado de una fuente que, en el plano parcelario de 1929, coincide con la fuente de la Mina, rodeada de una amplia pradera encajada en el fondo de la vaguada y a orillas del arroyo, a la que acudían a merendar los domingos las clases populares de Madrid. Estos dos niños serían, pues, de los últimos en jugar en torno a la fuente antes de que desapareciera en las grandes remociones de tierras.

Resulta revelador que un periodista de *La Esfera*, admirado de lo rápido que estaban avanzando las obras de Ciudad Universitaria, en septiembre de 1929 afirmara que «solo viendo en acción las formidables e ingeniosas máquinas con que han sido hechos, hay modo de no tenerlos por milagro semejante a los que hacía el demonio cuando, según una leyenda mil veces repetida, andaba por el mundo construyendo puentes y castillos a cambio de almas». Un milagro diabólico, que no divino.

El jardinero y pintor Javier de Winthuysen, encargado de la restauración de los jardines del Palacio de la Moncloa —antigua residencia de figuras como la duquesa de Alba, más conocido en la época como el palacete—, ubicaba en el paisaje de la Moncloa el origen de la gama de colores de Velázquez, «nuestra más alta concepción estética emanada de nuestro propio suelo»:

Ahora estamos ante el paisaje velazqueño. No es solo la línea de horizonte con la sierra azul bordeada de plata, ni la mancha extensa del encinar de El Pardo, [...] es todo: es el suelo; son las florecillas minúsculas como gemas en la estameña del matorral de tomillos; es la sencilla retama de verde pálido; el cardo con su flor morada; el rastrojo de oro; la arena gris, ocre; la gama que impresionó la retina del pintor para llevar esas inefables armonías al lienzo.

Si la sierra de Guadarrama es el fondo de los retratos del pintor sevillano, la Moncloa es el suelo bajo los pies de los retratados y sus caballos. Este lugar supone el «concierto de donde surgió la cumbre de nuestro arte», un hecho que, según Winthuysen no le pasó desapercibido a «la gran Francia», que eligió el emplazamiento de la Casa de Velázquez —una institución cultural y académica francesa en Madrid, construida en 1928— en una ladera de la vaguada de Cantarranas, «en medio de las armonías infinitas de donde surgió su genio». Asegura que él había enseñado el paisaje de la Moncloa muchas veces a artistas extranjeros para acompañarlos luego al Museo del Prado para que constataran cómo los colores del paisaje estaban presentes «en cualquier pedazo de pintura», hasta «el arnés del conde duque» o «el gris perla donde destaca, luminosa, la cara del príncipe bobo».

A mediados de julio de 1931 —ya bajo la Segunda República—, Winthuysen cuenta en el periódico *Crisol* que un día un artista residente en la Casa de Velázquez vino a buscarlo horrorizado porque «el pinar que conduce a su pensión» se estaba talando —*Quel massacre!*—. A pesar de que, «desde que comenzaron las desdichadas obras de la Ciudad Universitaria destrozando bárbaramente el único parque natural con que contaba entonces Madrid», se había prometido no volver jamás a los jardines que él mismo había restaurado, decidió romper su propósito y asomarse «a la entrada de la Moncloa». Donde arrancaba el nuevo viaducto de los Quince Ojos, descubrió que para nivelar el camino habían destrozado un pinar centenario. Las raíces de los árboles quedaban expuestas al aire, dejando «un horror de trozas y ramajes caídos por el polvo». A la mirada inquisitiva y preocupada del francés, el jardinero pintor respondió que solo tenía que ir a ver los toros para entender que en España pudiera pasar algo así: «La cuestión es cortar, destruir, lo mismo da miembros de animales que árboles, y cuando estos se emplazan, se mata con ellos algún bello horizonte».

Tacha a Alfonso XIII, a Primo de Rivera y a la Junta Constructora de «monarca desdichado, figurón ennoblecido y técnicos mediocres», y al proyecto de Ciudad Universitaria de «alarde desquiciado de fingida cultura». Asegura que hasta las vacas que allí antes pacían «se echaban para rumiar en sitios deleitosos» de la finca y que «se necesita de la soberbia del poder, de la vanidad estúpida y de la ambición para ser inferior a las vacas». No entiende que, habiendo «planicies desoladas» en torno a Madrid se hubiera tenido que emplazar la Ciudad Universitaria justo en un lugar con tantos jardines, fuentes, historia y valor cultural. Tras la proclamación de la República había tenido la esperanza de que se hubiese «cambiado de rumbo» ahora que el proyecto de la universidad ya estaba «en manos de los universitarios», pero con el destrozo del «poético pinar» —bosque típicamente español cuyo «desarrollo necesita siglos»— confiesa haber perdido toda fe: «Cuando concluyáis de operar pro cultura en estos restos de la Moncloa, en la orilla de enfrente tenéis la Casa de Campo. Duro y a ellos. ¡Leña!».

Seguramente sea este pinar el que describe Arturo Barea cuando recuerda, en *La forja de un rebelde* (1941), cómo de niño se aventuraba más allá del parque del Oeste para adentrarse en los pinares de la Moncloa que crecían en laderas escarpadas, por las que se deslizaba «desde lo alto de la cuesta», usando las suelas de cáñamo de las alpargatas, pulidas por las agujas, para bajar rápido, «como sobre patines». En contraposición a las «praderitas simétricas» o el «riachuelo con lecho de cemento» del vecino parque, Barea describe el arbolado de la antigua finca de la Moncloa en estos términos:

Hay un árbol aquí y otro allá. Millares de árboles sueltos. Unos en lo alto de los cerros con el cuerpo torcido a fuerza de aguantar el soplo del viento. Otros rectos y fuertes. Otros en el fondo de barrancos, agarradas sus raíces a las cuestas para no caerse [...].

El 8 de noviembre de 1931, el entonces presidente del Consejo de Ministros, Manuel Azaña, atónito ante la tala del pinar viejo y querido a la entrada de la finca que descendía hacia el arroyo de Cantarranas, escribe en su diario que, tras un año y medio sin ir a la Moncloa, en una visita oficial a las obras de Ciudad Universitaria, se había encontrado con «la desolación de la Moncloa destruida». De «toda esta parte de la Moncloa, con el paisaje hasta el río», que era «bellísimo, dulce, elegante; lo mejor de Madrid», afirma que «ya no queda nada: una gran avenida, rasantes nuevas, el horror de la urbanización». «Realmente he estado triste toda la mañana y aún ahora no se me ha pasado la impresión», confiesa al recordar las muchas tardes pasadas allí en otoño, cuando reinaba la «finura, suavidad, grises admirables». El vínculo afectivo con el lugar es profundo: «Allí aprendí yo a emocionarme ante el paisaje», dice. El diputado Juan Negrín, que lo acompañaba, no parece haber compartido su tristeza; según Azaña, «ya piensa en colocar en la Casa de Campo la Escuela de Montes y no sé qué otro establecimiento. Es fatal. Y después, o al mismo tiempo, El Pardo». Para concluir, afirma que «de aquí a medio siglo, Madrid se habrá quedado sin nada de lo bueno que tiene. Por suerte, yo no lo veré».

Contra quienes criticaban la tala de árboles en la Moncloa, voces cercanas a la Junta Constructora señalaban en diciembre de 1934 en la revista *Labor* la plantación de veinticinco mil pinos nuevos —sin especificar de qué especie, entre el centenar que compone el género *Pinus*— con el «propósito

[de] dotar a la Ciudad Universitaria de un pinar propio» —lo mismo que, en realidad, la vaguada de Cantarranas acababa de perder—. En palabras de Winthuysen: «Cuarenta millones costó destrozar la Moncloa y cientos de miles la adquisición de coníferas exóticas para componer un paisaje en contra de nuestra Naturaleza». El propio artículo de *Labor* indica que, de los ciento veinte millones de pesetas gastadas hasta la fecha en la Ciudad Universitaria —de un importe total previsto de doscientos sesenta— la mayor parte se había gastado en remociones de tierra. Mientras tanto, había facultadas que se encontraban ya edificadas, pero cuyas instalaciones y mobiliario no podían salir a concurso por falta de fondos, obligando a la Junta a pedir un préstamo de cien millones de pesetas. Dicho con otras palabras, la Junta se había gastado casi todo el presupuesto en modificar la topografía en torno a la vaguada de Cantarranas, y no en levantar y equipar aulas, que era su función primordial.

Cuando en 1933 Eduardo Torroja —el ingeniero de los dos viaductos— andaba buscando un fotógrafo para documentar su obra de los últimos años, preguntó quién era el mejor fotógrafo de España. Alguien le corrigió: «No es *el*, sino *la*. Es una chica alemana llamada Sibylle von Kaskel». Afincada en

España desde 1929, Sibylle von Kaskel vivía desde 1933 en Palma de Mallorca, sin posibilidad de volver a su país natal debido a su ascendencia judía —su bisabuelo, cofundador del Deutsche Bank, se había bautizado tres generaciones atrás—. Gracias a sus naturalezas muertas «casi surrealistas» y su capacidad para «apercibir lo desapercibido; escoger el ángulo inédito» —según la revista *Brisas*—, en pocos años la joven baronesa, siempre en busca de una iluminación y unas perspectivas insólitas, había llegado a colaborar con numerosas publicaciones españolas, desde la citada revista literaria mallorquina *Brisas,* hasta revistas de arquitectura como *AC*, *Viviendas*, *Hormigón y Acero* (codirigida por Torroja) y *Re-Co* (patrocinada por Agromán, constructora de los viaductos), así como revistas de actualidad como *Mundial* o *Las Cuatro Estaciones*.

Von Kaskel aceptó la propuesta de Torroja y, en 1935, recibió el encargo del Gobierno republicano de documentar su obra para el libro homenaje *Obras principales de hormigón armado proyectadas y dirigidas por Eduardo Torroja de 1926 a 1936*. El libro —que quedó impreso justo antes de la guerra pero que no llegó a distribuirse[3]— tiene veintiocho fotografías de Von Kaskel, entre ellas, dos del viaducto del Aire y dos del viaducto de los Quince Ojos. Esta fotografías —que Torroja usaría, siempre debidamente citadas, durante el resto de su vida— no se limitan a documentar las estructuras, sino que a veces son utilizadas como puntos de partida para nuevas composiciones casi abstractas, realizadas desde ángulos inesperados.

Las obras de la primera etapa de Torroja, antes de la guerra, se encontraban no solo en Madrid y alrededores, sino también en lugares más lejanos como Cádiz o Algeciras. Así, Von Kaskel y Torroja pasaron bastante tiempo viajando juntos en coche y, según el testimonio en el *Diario de Ibiza* de Fernando Cuevas, un cura amigo de Von Kaskel en su última etapa, «muy pronto ella se enamoró del apuesto y famoso ingeniero». Sin embargo, el desenlace de las tentativas románticas de la fotógrafa fue todo lo contrario a una historia de amor: Torroja, con el

---

3. Recientemente ha sido reeditado por primera vez por el Centro de Estudios y Experimentación de Obras Públicas (CEDEX).

beneplácito de su esposa, acabó instruyendo a Von Kaskel en la espiritualidad católica.

Con la llegada de la Guerra Civil, Von Kaskel tuvo que abandonar una carrera que había resultado, en pocos años, muy prolífica, con exposiciones y colaboraciones con revistas tanto en Madrid como en las Islas Baleares. Tras muchos avatares en Francia durante la ocupación nazi, huyó a Estados Unidos, donde entró en el Opus Dei y se casó con Bob Akers, un magnate texano. Acabó sus días de vuelta en Baleares, dando charlas religiosas en su casa a «muchas señoras de Ibiza».

Si en Madrid había expuesto su obra en 1935 en la misma sala (CEIPC, luego ADLAN) donde expondrían también Maruja Mallo y Pablo Picasso —una exposición, según *Re-Co*, «prorrogada por dos veces» debido a «la favorable acogida de los críticos de toda la prensa»—, cuando vuelve a exponer medio siglo después, en 1988, es en la Moody Medical Library de Galveston, Texas. Por correo electrónico, la directora de la biblioteca me confirmó que, lamentablemente, la Moody no conserva ningún rastro documental de esta exposición, titulada *Erongaricuaro, México*. Once años después, hacia el final de su vida, fue incluida en una muestra en Ibiza sobre fotógrafos extranjeros en Baleares durante los años treinta, organizada por Fundació La Caixa, que tampoco conserva ningún material sobre la exposición. Aunque al cura Fernando Cuevas la conversión de Von Kaskel a manos de Eduardo Torroja le traía a la mente la frase de Escrivá de Balaguer, «De que tú y yo nos portemos como Dios quiere —no lo olvides— dependen muchas cosas grandes», la trayectoria posterior de Von Kaskel parece más bien todo lo contrario a *cosas grandes*, a pesar de su enorme talento artístico y su temprano reconocimiento en España.

En el centro de una doble página publicada en *Mundial* en junio de 1936 —solo un mes antes del golpe de Estado—, dos fotos de Von Kaskel, de unas vías de tren y de la orilla oscura del Mediterráneo, nos preguntan «¿Hacia dónde iremos este verano? ¿Y qué rutas hemos de emprender?».

EL FRENTE DE MADRID

Los partes de guerra de ambos bandos de la Guerra Civil ofrecen algunos datos específicos sobre el bombardeo de la vaguada de Cantarranas. Los del bando franquista señalan que el 15 de noviembre de 1936, durante el avance sobre la capital, el viaducto de los Quince Ojos fue objetivo tanto de la artillería sublevada como de los bombardeos aéreos. La ofensiva artillera sobre Madrid se desarrolló en varias fases y, durante la primera, el viaducto se encontraba en el sector número 3, batido por un grupo de cañones de 105 mm, desde el cerro de Garabitas, y de 75 mm, desde Casa de Campo.

Durante la segunda fase de la ofensiva, el grupo de Garabitas se dispuso a lanzar «medio disparo por pieza por minuto» contra la zona ocupada por la Escuela de Agrónomos, o sea, justo detrás del viaducto. Simultáneamente, según un parte de las Fuerzas Aéreas del Frente Guadarrama, el viaducto, uno de los «objetivos señalados por nuestra artillería», fue bombardeado «eficazmente» por una escuadrilla de Junkers —los aviones alemanes enviados por el Tercer Reich en apoyo de Franco—.

Si pensaban volar el viaducto, no contaban con la insólita resistencia de su diseño y del hormigón armado, un material relativamente nuevo.

Como contrapartida, desde los partes del Estado Mayor republicano se describe cómo la zona en torno a la vaguada fue bombardeada «furiosamente» por «un número considerable de aeroplanos enemigos», a la vez que la artillería había «tirado al mismo sitio numerosos proyectiles cargados con azufre y otros materiales inflamables que forman una cortina de humo». Gracias a este despliegue de violencia, un tabor de regulares, compuesto en su mayoría por tropas marroquíes, muchos de ellos reclutados a la fuerza, logró atravesar el Manzanares, adentrarse en la Ciudad Universitaria y apoderarse de la Facultad de Arquitectura.

Al día siguiente (16 de noviembre), sobre el amanecer, una bruma envolvía la vaguada de Cantarranas; cuando la aviación sublevada sobrevoló la zona a las ocho de la mañana, los pilotos no lograron distinguir ningún objetivo y finalmente se decidió, media hora después, que sería más conveniente bombardear el paseo de Rosales, en el cercano barrio de Argüelles, con tres aviones Romeo italianos. Ese día las tropas sublevadas lograron apoderarse también de los dos núcleos edificados más cercanos a Arquitectura, en el mismo borde de la vaguada: la Casa de Velázquez y la Escuela de Agrónomos.

El día 17, el parte de la escuadrilla de Junkers reza que en «el arroyo Cantarranas no se observa nada». El día 19, tras una misión de reconocimiento el día anterior con tres aviones Romeo, la escuadrilla soltó bombas de 50 y de 10 kg sobre la zona del palacete de la Moncloa «y casas inmediatas» y, sobre las 11:15, un grupo de dos Romeos se sumó al bombardeo del palacete, hasta entonces ocupado por la milicia El Socialista.

Pocos años antes, en 1929, el palacete de la Moncloa, recién restaurado tras décadas de abandono, se había abierto al público como museo. En la Antesala de Lacayos el visitante podía contemplar varias pinturas al temple del propio palacete y su entorno, pintadas en 1815 por el entonces pintor de cámara Ferdinando Brambila, un artista italiano que había participado en la famosa expedición Malaspina (1789-1794) y que destacaba por lo fidedigno de sus perspectivas de ciudades como Buenos Aires, Manila o Sídney. Con la destrucción del palacete durante la guerra, estas pinturas debieron de perderse en un extraño paralelismo con una de las series más notables de Brambila: las treinta y seis *Ruinas de Zaragoza* que muestran el estado de la capital aragonesa tras los sitios de 1808, durante la guerra de la Independencia.

Los cuadros de la antesala mostraban el palacete desde dos perspectivas, en ambos casos en lo alto de un barranco, dominando el acceso a la vaguada de Cantarranas. En una de las imágenes, bajo un cielo de tormenta, iluminado por dos rayos como grietas luminosas, el terreno desciende bruscamente hacia el tramo donde más profundo y estrecho se vuelve el barranco —donde un siglo más tarde se emplazará el viaducto del Aire—. En la parte inferior del cuadro, donde el valle ya se ensancha al desembocar en la vega del Manzanares, se ve el arroyo de Cantarranas, su cauce lleno de agua a consecuencia de las lluvias y, en primer término, dos pastores y un rebaño de ovejas.

El viernes y sábado 20 y 21 de noviembre de 1936 también fueron días de lluvia en los que decayeron los ataques aéreos; el parte de los comisarios republicanos dice solamente: «Lluvia en estos días»; otro expediente republicano habla de niebla. Aun así, la artillería disparaba sin cesar ambas mañanas. El sábado, el general Miaja escribe: «Ni la aviación nuestra ni la enemiga han actuado por estar lloviendo».

A la semana siguiente, los bombardeos se reanudaron en Ciudad Universitaria y el resto de la capital, incluso tras el cambio de estrategia del bando sublevado, a partir del lunes 23, cuando se estableció el frente que duraría hasta la rendición de Madrid en marzo de 1939. La mitad de la vaguada de Cantarranas quedó en manos de los sublevados y la otra mitad en manos de los republicanos. La estructura que por un lado frenó el avance de las tropas franquistas y, por otro, les sirvió de fortificación defensiva fue el viaducto de los Quince Ojos de Eduardo Torroja.

En su discurso de ingreso en la Real Academia de Ciencias Exactas en 1944, Torroja se permite si no atacar al régimen —jamás lo llegaría a hacer—, sí criticarlo indirectamente. Tras un estado de la cuestión de la ingeniería moderna, empieza a llamar la atención sobre la falta de seguridad de las construcciones en España debido a «la apremiante falta de hierro» que ha impulsado a «algunos organismos de nuestro país, a bajar el coeficiente de seguridad bien por bajo de dos en un momento en que los materiales presentan frecuentemente defectos alarmantes», insistiendo en que han sido organismos «de nuestro país» los que han decidido «activamente» bajar los estándares de seguridad. Por otra parte, la falta de hierro se podría vincular no solo a la guerra en Europa, sino también a la política autárquica de Franco, que iba muy en contra del empeño que tuvo Torroja durante toda su carrera de impulsar la colaboración transfronteriza, incluso con la URSS.

A continuación, pasando al campo de la aeronáutica, tras criticar la falta «escalofriante» de seguridad de los diseños, da un paso más allá, al referirse, en pleno contexto de la Segunda Guerra Mundial, a «esta vorágine que nos devora sin que sepamos adonde nos lleva ni tan siquiera para qué la pusimos en marcha». Para cerrar este pasaje crítico, se venga, no sin cierto sentido del humor, de la suerte que corrieron muchas de las construcciones en las que colaboró antes de la Guerra Civil: «Ciertamente en el campo de las construcciones fijas la evolución es un poco más lenta; y, desde luego, resultaría más agradecida si la aviación no se dedicase a destruirlas, antes de tiempo, con catástrofes apocalípticas».

La altura de algunos de los impactos de bala presentes en el viaducto de los Quince Ojos, según el nivel del suelo actual, podría hacer pensar en disparos contra personas posicionadas en la base de la estructura, Sin embargo, la topografía de entonces era otra; los tiros, en realidad, impactaron contra las columnas del viaducto a bastante altura; ¿por qué?

Esta es la pregunta que le planteé al experto en balística José Luis Barrallo, inspector jefe de la Policía Nacional. Su hipótesis, basada en una serie de fotografías y medidas que le facilité, es que los disparos, que «provienen de la gama de cartuchos disparados por las armas ligeras del bando republicano», tuvieron lugar durante los combates de noviembre de 1936. Dada la forma circular de los cráteres y desconches, los disparos provenían probablemente de la zona de las tropas republicanas situadas en las trincheras y fortificaciones debajo de la Facultad de Farmacia, a una distancia de 400-600 metros del viaducto. Disparaban en realidad contra objetivos ubicados en la carretera encima del viaducto, pero con armas optimizadas para distancias mucho menores, de solo 100-200 metros. Por este motivo muchas de las balas impactaron sobre la parte superior de los pilares, como consecuencia de la caída de su trayectoria balística.

Hay, en un álbum de fotos y apuntes conservado en el Archivo Histórico del Ejército del Aire, una foto aérea donde se aprecia esta relación espacial. Los republicanos, desde la zona comprendida a la izquierda de la imagen, intentaban atravesar con sus disparos una gran extensión de terreno hasta el viaducto de los Quince Ojos, a la derecha, con armas poco adecuadas para ello.

Al margen del conflicto, en esta foto, si nos fijamos bien, podemos hacernos una idea de la profundidad del barranco en el centro de esta sección de vaguada. Aun siendo menos profundo que en la sección aguas abajo, aquí los árboles que hunden sus raíces en el arroyo apenas sobresalen de la profunda fisura central, un espacio más al abrigo de tiros y miradas.

Hay una frase —una imagen— que me escribió el inspector Barrallo, que no he conseguido quitarme de la cabeza, en su informe sobre las huellas de impacto en el viaducto de los Quince Ojos, para el cual llegó a consultar el Archivo General Militar de Ávila y de Madrid. Por un malentendido sobre un archivo adjunto que yo no encontraba, no llegué a entender en qué fuente se basaba exactamente, y luego me dio vergüenza volver a insistir. La frase es:

> En el tercer ojo, también accesible, como se ha reseñado, hay cadáveres, supuestamente de tropas nacionales, ya que el avance de dichas tropas fue de la Casa de Campo a la Universidad, y el grueso de las tropas republicanas se encontraba en la zona de las facultades fuertemente atrincherada.

¿Hay cadáveres? ¿O *había*?

Tiempo después me comentó Emilio Silva, presidente de la Asociación para la Recuperación de la Memoria Histórica que, primero en 2007 y de nuevo en 2015, aparecieron huesos humanos en la zona de Cantarranas en el curso de sendas obras. Emilio me hizo llegar una carpeta con documentos e imágenes, entre ellos una foto de tres huesos —un fémur, la mitad de un cúbito, un metatarsiano— alineados en paralelo sobre una silla de oficina negra. No sé si de forma intencionada o no, el fémur ocupa en la silla el mismo lugar que el de una persona sentada. Contiene también un informe que explica cómo fueron encontrados.

En 2015, una mujer que trabajaba en la zona pasaba al lado de un movimiento de tierras donde se estaba construyendo un nuevo colector subterráneo cuando vio unos huesos humanos, amontonados por los obreros al pie de un pino. Alarmada, llamó a la policía, pero aunque el juzgado ordenó parar las obras esa misma tarde, en cuanto se averiguó que eran huesos antiguos, y no de un crimen reciente, al día siguiente el juez permitió que se reanudaran. Una vez reactivadas las excavadoras, la mujer y sus colegas decidieron rescatar por su cuenta algunos huesos —los que aparecen encima de la silla en la foto—. Al volver a llenarse la zona excavada y apisonarse la tierra, los demás huesos fueron machacados y dispersados, destruyendo la integridad de la fosa y de los esqueletos. Otra foto de las que me manda Emilio muestra el lugar donde aparecieron los huesos, que es el mismo lugar de las obras del colector que yo había presenciado en 2022, unos cien metros aguas arriba del viaducto de los Quince Ojos.

Coincide además con la descripción de un enterramiento que aparece en las memorias del brigadista checoslovaco Artur London, quien cuenta que, durante el avance de las tropas sublevadas en noviembre de 1936, varios brigadistas murieron en

una explosión en la casa donde estaban emplaza-
dos, cerca del palacete. Los supervivientes que lo-
garon huir volvieron esa misma noche para rescatar los cuerpos de sus compañeros y transportarlos
hasta un lugar «cerca del viaducto en la carretera
Madrid-Palacete». London afirma que allí fueron
enterrados juntos tres brigadistas: Julius Kaupe
(alemán), Josef Majek (eslovaco) y Karl Mager (aus-
triaco). «Huesos de animal, aquí y allá», me había
dicho el encargado de la obra del colector roto.

En una foto de Albero y Segovia de marzo de 1937,
el viaducto de los Quince Ojos se ve desde el interior de la Facultad de Filosofía y Letras, que estaba bajo el control republicano. El contraste con la
luz del exterior hace que difícilmente se distingan

los materiales que componen el amasijo de escombros bajo la ventana, ensanchada de forma asimétrica por los impactos.

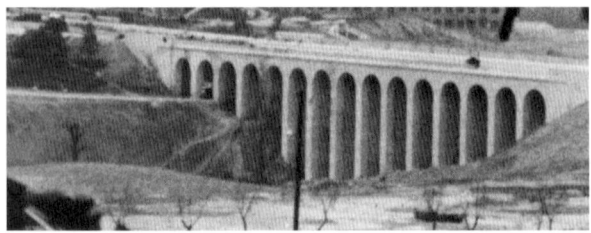

Afuera, a lo lejos, justo delante del viaducto, hay dos grandes árboles que despuntan desde el fondo de la vaguada: primero, un álamo altísimo —tan alto como el puente—, y más adelante, un árbol de tronco más robusto, con las ramas aparentemente podadas: ¿un olmo? Ambos son de hoja caduca, como los arbolitos que aparecen en primer término. A principios de marzo aún no ha llegado la primavera.

Del segundo ojo del viaducto, donde se asoma un autobús de dos pisos —de los que antes circulaban entre la plaza de Moncloa y Filosofía y Letras—, arranca un sendero de suelo batido, que enseguida se ramifica en tres, a la altura del tercer ojo, donde el terreno empieza a descender en pi-

cado hacia el arroyo. A pesar de estar en tierra de
nadie, una cantidad no despreciable de soldados
debió de seguir introduciéndose en el fondo del
barranco central, de noche a escondidas.

Encima del viaducto hay un vehículo estacio-
nado. Aparece en muchas de las fotos del viaducto
sacadas durante el conflicto. Desde aquí, resulta
difícil saber de qué se trata.

En contraposición a la foto de Albero y Segovia,
hay otra realizada desde un boquete en la Casa de
Velázquez hacia el viaducto, en la zona controlada
por los sublevados. El vehículo misterioso resulta ser un carro de obra, que incluye un brazo con
polea. Siguiendo de izquierda a derecha, se ve otro

carro más bajo que el muro perimetral del tablero del puente y, hacia el arranque del puente, una apisonadora.

La posición desperdigada de las tres máquinas a lo largo del puente hace pensar en una interrupción repentina del trabajo, ¿quizás el mismo 18 de julio de 1936? Además de estar en el punto de mira de ambos bandos, el puente está físicamente inutilizado para el tráfico: lo corta una alambrada y una trinchera excavada en el arranque del tablero.

No obstante, la función del viaducto sigue siendo la misma: aún cumple el propósito de conectar ambos lados de la vaguada, solo que ahora lo que prima no es superar rápidamente el desnivel, sino proteger del fuego enemigo mediante la trinchera que, al abrigo del viaducto, con sus múltiples hileras de pilares, discurre desde la Casa de Velázquez, pasando por varias casamatas, y baja hasta el fondo de la vaguada para subir por el otro lado mediante una serie de escaleras protegidas.

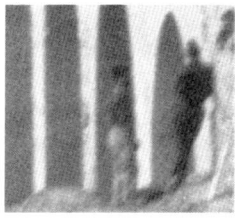
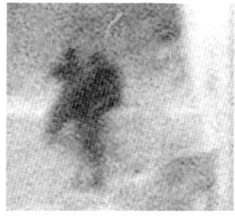

A ambos lados del viaducto, en el límite de la resolución, la foto recoge dos figuras por ladera. A un
lado, un hombre de uniforme está apoyado contra
el viaducto, con las piernas cruzadas, en actitud de
relativa tranquilidad o despreocupación, mientras
charla con otro hombre vestido con pantalón claro.
Al otro lado, hay otras dos figuras, oscuras y muy
borrosas, pero aparentemente sentadas sobre el

borde de la trinchera con las piernas colgando, una girada hacia la otra. A pesar de estar en la primera línea de frente, parece que estos cuatro hombres están relativamente tranquilos, tal vez incluso aburridos, a juzgar por su lenguaje corporal. La guerra también es espera, aburrimiento, incertidumbre.

Hay un cortometraje propagandístico de 1938, firmado por Edgar Neville, que se llama *La Ciudad Universitaria* y que recorre precisamente el tramo entre los dos viaductos. Bajo los arcos gemelos del viaducto del Aire, se ve cómo unos soldados descansan al sol, con la colada tendida de un poste. La escena se recoge también en la documentación fotográfica del rodaje.

Con una grandilocuencia que erosiona el propio sentido de las palabras, la narración reza que «hasta la gracia breve del palacete de la Moncloa, joya goyesca, recatado el jardín y rosal mármol, como una porcelana en nuestra historia, fue también arrasada por la ira marxista», mientras vemos, en contraste, un plano de colada tendida y, a continuación, soldados lavando ropa en una fuente decorativa del jardín del Barranco restaurado por Winthuysen. La voz en *off* anuncia: «aquí vigilantes siempre, siempre en peligro», pero en pantalla lo que aparece es un grupo de soldados sentados, pelando patatas, en estado de aparente apatía. Dos de ellos llevan botas, otro, que está fumando, lleva unas alpargatas blancas. Detrás de ellos, se ha construido una especie de choza con maderas, chatarra y barro, adosada a lo que parece ser el armazón metálico del invernadero del palacio. Cuesta creer que un director como Neville —que no aparece en ninguna de las fotos del rodaje—, quien además antes de la guerra militaba en el partido republicano de Azaña, no captase la ironía en este tipo de montajes. Las fotos del rodaje muestran también soldados marroquíes con turbante, o un joven marroquí que obsequia con un té tradicional a un grupo que incluye, entre otros, una enfermera de la Sección Femenina.

Vaguada arriba, el equipo de rodaje pasó de un lado del viaducto de los Quince Ojos al otro, a través de lo que parece ser una vegetación bastante densa (las fotos están fechadas en el mes de mayo de 1938). Al otro lado, se ve cómo el viaducto se ha militarizado, con una serie de trincheras y casamatas.

En varias fotos, no solo en las del rodaje, se ve que las escaleras de estas trincheras empinadas están hechas con radiadores arrancados de los edificios cercanos, como en esta de Albert-Louis Deschamps, de 1939.

Hay otra foto, también sacada por Deschamps a los pocos días de la rendición de Madrid, que aparece en varias páginas web y en blogs, a veces orientada de una manera, a veces de otra —desorienta el espacio tan simétrico debajo del viaducto—. Es una imagen que, entre los estudiantes de Bellas Artes, siempre causa un gran impacto por formar parte de su trayecto diario entre el metro y la facultad. Yo no soy ninguna excepción: fue el dar con esta imagen, al investigar la losa con el escudo de Ciudad Universitaria en la acera del túnel, lo que desencadenó mi interés por el viaducto y la vaguada.

En un lado del túnel hay varios autobuses de dos pisos. En el otro, en la acera que los alumnos transitan a diario, dos cadáveres. No se trata de represaliados de los primeros días de la represión franquista —que obviamente los hubo, y muchos—, sino dos cuerpos momificados, probablemente caídos más de dos años antes, a finales de 1936, durante el avance de las tropas de Franco por la vaguada. Al estar en un lugar expuesto al fuego enemigo, se quedaron allí, dos años y medio.

SENDEROS

En 1949, tres alumnos de la Escuela de Cine —Juan Antonio Bardem, Luis García Berlanga y Antonio Navarro Linares— filmaron en varios puntos de Ciudad Universitaria a un hombre al que le faltaba una pierna, mientras paseaba con muletas, casi como un *flâneur*. A este proyecto de clase le pusieron el título *Paseos por una guerra antigua*.

En algunas escenas, lo vemos entre las ruinas aún persistentes en torno al Hospital Clínico y la Casa de Velázquez, en otras, en el nuevo campo de deportes de la avenida Juan Herrera, a veces con el Museo de América de fondo. Su cuerpo, esbelto pero incompleto, de paso lento, contrasta fuertemente con los cuerpos atléticos e intactos de los hombres jóvenes de la nueva generación que se ejercitan en el campo deportivo con otro ritmo, otra temporalidad, como si la cámara captara sus movimientos a una velocidad distinta.

Queda implícito que el hombre sin pierna es un exsoldado que luchó en el frente de Madrid. El título de la obra indica que esa «guerra antigua», por antigua que sea, no ha pasado realmente, sino que, a través de la memoria, este hombre aún la transita, a la vez que la lleva incisa en su cuerpo. La relativa juventud del protagonista —estará en la treintena— sugiere, al igual que las ruinas persistentes, que la guerra sigue siendo tan reciente como relevante. Varias veces lo vemos mirar fijamente el paisaje y luego cerrar los ojos, como si intentara recordar cómo había sido ese mismo lugar durante el conflicto.

A continuación, el equipo de rodaje se trasladó a la explanada de la antigua línea de tranvía de Puerta de Hierro, para entonces ya en desuso, que cruzaba la vaguada por el viaducto del Aire. Para ello debieron de pasar a través de la abandonada estación del Estadio —otra estructura de Eduardo Torroja—, sita en una esquina de los campos de deporte donde acababan de filmar al protagonista y los atletas.

En una ocasión, cuando quise visitar esta antigua estación de tranvía de estilo racionalista —hoy convertida en almacén húmedo, lleno de goteras, cerrados sus amplios accesos de líneas elegantes—

me pidieron primero una carta de recomendación de algún miembro del profesorado. A continuación, pude acceder al almacén, pero con la condición de no tomar fotografías en su interior. En un extremo de esta cavernosa estación-almacén —los antiguos bancos de espera convertidos en largas baldas para apilar cajas—, me enseñaron, en el lugar del desaparecido acceso de tranvías del lado que daba hacia Cantarranas, un armario oscuro, lleno de trastos, cuyas paredes no eran ladrillo ni hormigón, sino tierra compactada, húmeda masa de raíces, en donde se escuchaba el ruido líquido de las goteras. Uno de los trabajadores me dijo, riéndose: «allí hay vida, me parece».

Torroja en torno a las fechas del rodaje de *Paseos por una guerra antigua*, escribió sobre la estación que «permanece abandonada y aislada, sin visos de que nadie la recuerde a excepción de su creador, quien disfrutó diseñándola para el futuro e incluso temió que pudiera resultar demasiado pequeña para las multitudes que algún día llegarían a usarla».

De los campos de deportes y la estación del Estadio, la película pasa al viaducto del Aire, donde, durante un par de breves secuencias, aparece el protagonista avanzando lentamente. Debido al punto de vista, quien no conozca la zona podría tomar el tablero del viaducto por una calle cualquiera, flanqueada por postes metálicos bajos, con, al fondo, dos torres del tendido eléctrico a ambos lados; sin embargo, la comparación con otras fotos del viaducto confirma la identificación.

Se han arrancado las vías, así como las barras horizontales de las barreras laterales (que aún estaban en las imágenes captadas por el equipo de Neville en 1938). En el suelo se adivinan los rastros de los rieles fantasmas. Tal vez fueron robados para su venta como chatarra en el caos de la primera posguerra, cuando los libros de Filosofía y Letras aparecían en lugares tan insólitos como una trapería de la calle Valverde —para su venta como pasta de papel—, una pescadería —para envolver el género— o en camiones con rumbo a las fábricas de papel de Levante.

Un folleto de la Ciudad Universitaria publicado en 1946 luce en la portada una acuarela a todo color con el viaducto de los Quince Ojos en primer plano y, en segundo, una Facultad de Filosofía y Letras totalmente reconstruida, sin ninguna huella del conflicto.

El arroyo y las bases de los pilares centrales se ocultan tras el borde del barranco, de cuyo fondo despuntan una decena de álamos. En el lateral derecho del viaducto, el artista ha registrado varios desperfectos en el revestimiento exterior. Tal vez para encajarlo mejor en el espacio disponible, ha optado, curiosamente, por restarle cinco de sus quince ojos, dejando una estructura alta y enigmática, pero menos imponente que la original, ya que al eliminar los arcos más cercanos —que, en perspectiva, serían los más grandes—, el resto parecen más pequeños. En los lugares donde antes estaban las casamatas y las trincheras empinadas, pavimentadas con radiadores, aquí se asoman entre el verde a ambos lados del viaducto, en descenso diagonal sobre las laderas de la vaguada, varias calvas color salmón, como cicatrices en el terreno, aún visibles siete años después.

Antes de la guerra, el Velo Club Portillo organizaba cada año por la zona de la Moncloa un campeonato ciclopedestre, en el cual los *crossmen* debían realizar tramos corriendo con la bici al hombro. En estas carreras, las laderas de la vaguada de Cantarranas en torno al viaducto de los Quince Ojos ofrecían una de las pruebas más duras. En 1949, según un artículo del diario *Marca* del 23 de febrero, se vuelve a celebrar un campeonato parecido, en la misma zona, organizado por Obra Sindical Educación y Descanso, una entidad estatal y falangista fundada en la inmediata posguerra sobre el modelo de organizaciones análogas en la Italia fascista y la Alemania nazi, con la finalidad de promover entre las clases obreras actividades de ocio y adoctrinamiento. A diferencia de los campeonatos del Velo Club, ahora la participación se restringía a «productores pertenecientes a Grupos de Empresa, Hogares del Productor, [o] Delegaciones locales y comarcales».

En su descripción del recorrido, tras la salida enfrente de la Facultad de Medicina, se describe con total naturalidad cómo la ruta seguía

—a diez años ya de la Guerra Civil— «por la trinchera de la izquierda» para atravesar «terrenos de los Viveros de Regiones Devastadas». Luego subían hasta el «comienzo del arroyo de Cantarranas [en la Dehesa de la Villa], para de ahí seguir su cauce hasta el pie del puente de la Ciudad Universitaria» [el viaducto de los Quince Ojos], «subiendo por su parte derecha» y luego atravesar el viaducto por arriba y «descender por el lado opuesto nuevamente al arroyo de Cantarranas, hasta llegar a las rampas de cemento [del muro de contención del jardín botánico], las cuales se subirán, para salir frente a la Escuela de Farmacia».

Posteriormente, el Campeonato Provincial Ciclopedestre se trasladó a Casa de Campo, pero el 3 de marzo de 1958, siempre según *Marca*, volvió de nuevo a los terrenos de la Ciudad Universitaria. En esta ocasión, el momento álgido de la narración de los hechos es el descenso por los terraplenes del viaducto de los Quince Ojos, en el que solo dos de los participantes «cabalgan sus máquinas con gran habilidad» mientras «los demás lo hacen con la bicicleta al hombro». Estos dos —José Martínez y Florentino Sainz— resultaron ganadores del campeonato mientras de los demás «se registraron algunas caídas, así como roturas de rueda. Sin incidentes desagradables».

El Archivo Complutense conserva tres fotografías aéreas de la Ciudad Universitaria realizadas en torno a 1961 que retratan construcciones como el Arco de la Victoria, el Museo de América, la Casa de Velázquez, la Escuela de Arquitectura o la Escuela de Agrónomos. Aunque ninguna se centra en la vaguada de Cantarranas, una de ellas la recoge casi entera, con ambos viaductos, aunque solo como una delgada franja que atraviesa el fondo del paisaje.

Viaducto del Aire   Palacete   Viaducto del los Quince Ojos
Arquitectura   Casa de Velázquez   Agrónomos

Allí aparece, a la izquierda, como detalle diminuto pero nítido, el viaducto del Aire en escorzo, desde una perspectiva que permite ponerlo en relación visual con el entorno del campus y asimilar sus grandes dimensiones: tiene una longitud comparable a la del ala central de la Escuela de Arquitectura.

En las otras dos fotos aparece la vaguada a modo de notas al margen. Sin embargo, se puede hacer del fondo figura, dejando que los edificios centrales se conviertan en una masa confusa, solapada, recortada, para así reconstruir la imagen de una de las laderas de la vaguada de Cantarranas, un arco que se extiende desde la avenida Complutense y la bifurcación de la calle Arquitecto López Otero, a la izquierda, hasta la uve racionalista de la inutilizada estación del Estadio en la esquina superior derecha de la imagen.

Desde la acera de la calle Arquitecto López Otero arrancan dos senderos detrás de la Casa de Velázquez. Uno, más pequeño e informal, atraviesa el bosque incipiente para unirse, hacia el fondo de la vaguada, con un sendero más definido que sigue el curso del arroyo y que aparece a ambos lados del viaducto de los Quince Ojos. Un poco más a la derecha arranca, desde la misma acera, otro sendero mejor explanado, tal vez un pequeño camino para ir en coche o tractor entre Agrónomos y los campos experimentales que estaban ubicados en torno a la vaguada.

La malla regular de puntos dibujada sobre el terreno nos indica que se estaba repoblando activamente la zona con árboles. Claramente, desde algunos sectores de la Universidad, se estaba trabajando en mejorar la vaguada, no en hacerla desaparecer. Unos años antes, en 1954, el arquitecto Ramón Vázquez Molezún había proyectado un conjunto modular de residencias para artistas precisamente en esta zona de la vaguada, en comunicación con la cercana Casa de Velázquez, una propuesta que no prosperó, pero que habría supuesto una formalización de la relación del alumnado con la zona verde de la vaguada. Construir *con* su topografía, en vez de *en contra*.

Otra visión arquitectónica para la vaguada, que data de los mismos años de las fotografías aéreas del Archivo Complutense, es la primera propuesta de Fernando Higueras y Rafael Moneo de un edificio para restauraciones artísticas, precursor de lo que sería la célebre Corona de Espinas, de Higueras y Antonio Miró. En las fotos sorprendentemente realistas de la maqueta, vemos un edificio situado en el borde del barranco que dialoga con la topografía existente, con los árboles y con el viaducto del Aire, replicado minuciosamente en miniatura dentro de la maqueta, como parte integrante del conjunto.

Estas imágenes están sacadas de un artículo de febrero 1970 de la revista *Nueva Forma*, donde el pie de la foto de la izquierda incluye un breve lamento por la vaguada de Cantarranas «hoy disparatadamente rellenada», así como por el puente de Torroja «muy disparatadamente destruido». Además, en cada una de las tres páginas del reportaje, va una cita de Camilo José Cela sobre los tontos. En su versión final, la mitad del edificio circular de Higueras se apoyaría sobre tierra de relleno.

Justo al otro lado de la vaguada, el régimen franquista ordenó tras la guerra demoler las ruinas del antiguo palacete de la Moncloa —bombardeado por los aviones italianos y alemanes, y más tarde minado por los republicanos— y levantar en su lugar un palacio nuevo, historicista. Las obras, que comenzaron en 1946 y duraron hasta 1953, empezaron por la remoción y desescombro total del terreno.

El nuevo palacio, emplazado entre instalaciones agronómicas en torno a la vaguada de Cantarranas, se destinó a la acogida de los invitados insignes del dictador. El libro de honor de aquellos años da cuenta de sus «egregios huéspedes». El primero de ellos, en junio de 1954, fue el dictador dominicano Rafael Trujillo con su familia. Entre los firmantes, predominan los jefes de Estado del mundo islámico, desde el rey Hussein I de Jordania (1955 y 67), el rey Mohamed V de Marruecos (1956), Faisal II de Irak (1956) o Saud I de Arabia Saudí (1957 y 62), hasta el último sah de Persia, Mohammed Reza Pahlavi, y la emperatriz Soraya (1957).

También se alojó en el nuevo palacio el norteamericano Eisenhower, en su famosa visita de 1959, que sirvió para legitimar a la dictadura ante las grandes potencias occidentales, mediante un eficaz *rebranding*, como baluarte anticomunista. En septiembre de ese mismo año, la URSS lanzó con éxito la primera sonda lunar, Luna 2. Ese mismo mes, en la revista satírica *La Codorniz* —al lado de una noticia que se burlaba de un (supuesto) lanzamiento fracasado de un proyectil soviético que debía alcanzar la luna, y de otra sobre la visita de «Kruchucheff» a Norteamérica— aparecía el siguiente titular: «La EMT [Empresa Municipal de Transportes de Madrid] lanza un tranvía al barrio satélite de Cascajoneras». El barrio satélite —juego de palabras que dialoga con la sonda soviética— era «una extensa agrupación de casas construidas por la Empresa Constructora Benefactora de Inquilinos Necesitados» que, sin embargo, seguía sin habitantes porque estos *necesitados* debían pagar «60.000 de entrada inicial y luego facilidades para entregar otras 60.000 en tres meses». El tranvía, por tanto, lleva tan solo al conductor, al cobrador y a un único viajero, «seleccionado entre catorce que se prestaron al experimento».

Imitando el lenguaje que acompañaría un lanzamiento espacial, dice la noticia que «a las 9:58 horas se recibió un aviso telefónico acusando el paso del tranvía a la altura del arroyo Cantarranas» —o sea, del viaducto del Aire—, donde de repente queda atascado. Como en el cuadro de Brambila que colgaba en el antiguo palacete, con sus dos pastorcillos y el rebaño de ovejas, aquí es también un pastor «que se encontraba en las inmediaciones» quien da cuenta, cual corresponsal, de cómo se quedó parado el tranvía sobre el viaducto durante horas. Por supuesto, el barrio de Cascajoneras jamás ha existido y, además, tras la Guerra Civil los tranvías no volvieron a cruzar el viaducto del Aire. Sin embargo, en cuanto al imaginario del lugar en este momento, parece que Cantarranas se usa para dar la sensación de lugar alejado e insignificante. A treinta años del primer impulso modernizador desatado sobre la finca de la Moncloa, persiste una visión de la vaguada como zona donde podrían convivir pastores de ovejas y accidentadas líneas de tranvía.

Al estar la Ciudad Universitaria alejada del núcleo urbano, es probable que mucha gente que conoció la vaguada durante su juventud jamás se percatara de su repentina ausencia. En 1969, tres meses después del primer viaje a la luna, José Baro reaccionaba en *ABC* a la visita madrileña de Neil Armstrong, Buzz Aldrin y Mike Collins con el texto «De la luna a Madrid», una sucesión de bromas en torno a los vínculos entre Madrid y la luna («los madrileños somos gente de una gran tradición noctámbula»). Cita un largo elenco de verbenas, romerías, tertulias y otros «nombres con regusto a noche y a influencias lunares», incluidos «los merenderos de la Bombilla, de Cantarranas y de la Dehesa de Amaniel». El autor parece ignorar que, para entonces, Cantarranas ya había desaparecido.

Hussein I de Jordania, en su visita de octubre de 1967, tal vez se extrañara de que, de aquel barranco junto al palacete y ese hermoso viaducto en arco que había visto en su visita anterior, la de 1955, no quedara sino un paisaje lunar. ¿Lo habría soñado?

Dos fotografías aéreas de la empresa Aeropost sacadas el 8 de mayo de 1965, conservadas en la Biblioteca Nacional, parecen captar precisamente el inicio del rellenado de la vaguada de Cantarranas, y constituyen la primera documentación fechada de este proceso. En una de ellas, centrada en Agrónomos, aparecen en la franja inferior la vaguada y el viaducto de los Quince Ojos. El viaducto aún conserva sus altos pilares y, hacia el centro, donde más altura tienen, crece un conjunto denso de álamos tan altos que se extienden desde el fondo de la vaguada hasta por encima del tablero del puente. Incluso con respecto a las anteriores fotos aéreas de 1961, muchos de los plantones jóvenes de esa malla de puntos ahora forman masas que camuflan el dibujo regular con el que fueron plantados.

Desde la calle Arquitecto López Otero siguen arrancando los mismos senderos informales que evidencian un tráfico constante. El que arrancaba enfrente de las casetas debajo de la Casa de Velázquez presenta más desgaste ahora que en la imagen de cuatro años antes. El sendero sigue, a su vez, el trazado de una doble hilera de trincheras que durante la guerra bajaba desde la Casa de Velázquez hasta el fondo de la vaguada, cortando la calle López Otero.

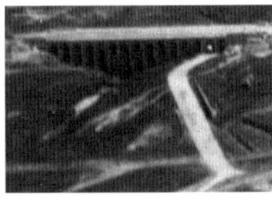 

Aguas arriba, en torno a los comedores del SEU, el Sindicato Español Universitario (hoy Casa del Estudiante), han aparecido nuevas sendas que no estaban en 1961. Era un lugar muy frecuentado por el alumnado, por su económico menú, y nodo desde el cual arrancaban múltiples senderos rizomáticos, que se bifurcan y entrecruzan como un fino tejido capilar. El más visible de estos senderos, que atraviesa un matorral sin árboles y baja en picado hacia el arroyo, de pronto se hunde en una masa blanca y uniforme que se podría confundir con el borde de la imagen.

La otra imagen de Aeropost se centra en la plaza Ramón y Cajal, pero capta también una esquina de la vaguada: la arboleda y los senderos en torno a los comedores, y, de nuevo, una masa blanca que parece invadir la imagen desde el borde inferior. Despuntan de esta mancha clara varios árboles: un álamo o ciprés vertical y varios árboles más anchos, de copa menos densa (¿sauces?): se están enterrando vivos. Tal vez hoy se encuentren aún, debajo de la Facultad de Ciencias de la Información, inmersos en un lento proceso de fosilización o putrefacción, según las condiciones del terreno. ¿No está Venecia construida sobre miles de troncos de roble y alerce, hundidos en el fango hasta petrificarse? O tal vez se estén deshaciendo en manchas de tierra oscura como los postes de las viviendas del poblado calcolítico.

En *El crepúsculo celta*, William Butler Yeats imagina un mundo que, aun sumergido e inalcanzable, pervive. Estando en un tren cerca de Sligo, Irlanda, entró un violinista en el vagón con un violín casero que emitía una canción como un lamento transmitido desde la Edad Dorada. Esta música parecía decirle «que antaño el mundo fue perfecto y amable, y que aún existía el mundo amable y perfecto, pero enterrado como una masa de rosas bajo muchas paladas de tierra». Una idea que retoma el poeta Gabriel Celaya como punto de partida del poemario *Iberia sumergida,* donde los topónimos de origen vasco esparcidos por Castilla son el «¡extático recuerdo de un país arrasado!»; la antigua Iberia prerromana, sumergida bajo España.

De las zonas boscosas del campus, con sus itinerarios informales, habla Pedro Luis Tedde de Lorca, alumno de Ciencias Económicas y Sociología entre 1962 y 1968, un periodo que abarca desde los últimos años de la vaguada hasta su desaparición.

Presentó en 1968 una colección informal de poemas —mecanografiada, grapada en una esquina, hoy custodiada en la biblioteca de AECID— donde habla de los senderos que atraviesan los jardines de Ciudad Universitaria. Si un año antes, en el poemario *Tratado de urbanismo,* el poeta Ángel González —en ese momento director de publicaciones del Ministerio de Obras Públicas—, había lamentado la dificultad de hallar «lugares propicios al amor» en un «tiempo hostil, propicio al odio», Tedde de Lorca parece haberlos hallado precisamente en las densas arboledas de la universidad:

> El olor de húmedas sombras te ganaba y me ganaba, sumergiéndonos en amplia
> continuidad de crujidos, húmedas y oscuras trombas
> por tan concreta razón como un árbol y unas hojas.

En estos «virginales espacios» que dan la impresión de selva virgen, los «cuerpos activos de abril y salina tarde» se acercan el uno al otro; y, sin embargo, los cuerpos parecen contagiarse también de la historia violenta del lugar, donde no faltan referencias a heridas y muertos. A la vez que «el cuerpo / hurga en inquieta búsqueda de espacios / de nunca acariciada desnudez», la «primavera descubre su batalla / en la sombra de los senderos últimos». Hay también amenazas nuevas: los «enemigos de la mañana», quienes...

van, con miedo a las rosas y los álamos,
a recibir disparos de tierra humedecida,
su más brutal, solar, fusilamiento
y sepultura azul en el reino de nieblas.

La aldea ilerdense de Blancafort, en el linde entre Lleida y Huesca, contaba con unas catorce familias cuando en 1965 desapareció, junto con otros cuatro pueblos, bajo las aguas del río Noguera Ribagorzana con la entrada en funcionamiento de la presa de Canelles. En 2010, el periodista Paco Nadal, de *El País*, se acercó al embalse de Canelles para sumergirse en sus aguas y visitar las ruinas subacuáticas del pueblo perdido. En el cercano Estopiñán del Castillo, en la orilla oscense, cuando Nadal preguntó a unos jóvenes por la ubicación de Blancafort, estos no entendían de qué hablaba. En cambio, un señor mayor le dijo: «Sí, hombre, venían por aquí para vender sus cosas en el mercado [...]. Pero de eso hace ya mucho tiempo. ¿Para qué quiere usted removerlo?». En las dos respuestas, la del hombre mayor y la de los jóvenes, podemos intuir, por un lado, el silencio fruto del miedo que impuso el franquismo en este y otros muchos ámbitos, y, por otro, el olvido que tal silencio engendró en las generaciones que vinieron después.

Ese día, el bajo nivel del agua del embalse dejaba ver un islote —antiguamente un cerro— donde se asomaba alguna construcción, que es hacia donde se dirigieron Nadal y su equipo a través de una «espesa turbidez achocolatada». Si bien cuando «uno sueña con su primera inmersión en un pueblo sumergido, se imagina sus viales intactos, la plaza del pueblo con sus bancos, el campanario de la iglesia intacta», ese día no lograron ver más que, entre «tejas rotas, ladrillos desmoronados, cascotes y restos de maderos podridos», una mancha oscura en las profundidades que resultó ser «un enorme arco de medio punto que pudo pertenecer a un templo o al vano de una muralla medieval». El año de la sumersión de Blancafort, 1965, coincide con el de las fotos aéreas que recogen el inicio de la *sumersión* —en este caso con tierra— de la vaguada de Cantarranas y sus viaductos. Otro punto en común entre Blancafort y Cantarranas: el ingeniero de la presa de Canelles fue Eduardo Torroja.

EL FIN DEL PAISAJE

En julio de 1972 se celebraron unas «Conversaciones sobre la Ciudad Universitaria», protagonizadas por los arquitectos Luis Moya, Luis Pérez Mínguez y Julián Peña, junto a Carlos de Miguel, director de la revista *Arquitectura*, un intercambio que fue transcrito y comentado por la escritora Carmen Castro. En ellas, Moya describe los terrenos de la Ciudad Universitaria como «un parque magnífico [...] que ha quedado totalmente deshecho no solo ahora, sino ya en su propio concepto original, puesto que el juego de vaguadas, arroyos —el arroyo *Canta Ranas*, me acuerdo— incluso auténticos bosques de pinos... Todo aquello que había allí desapareció desde el principio». Según Pérez Mínguez, lo que había pasado pocos años atrás en la vaguada de Cantarranas entroncaba con el «proceso» o «mecánica» común a todas las «grandes oportunidades perdidas para un mejor urbanismo en Madrid: abandono, conversión en escombreras y negocio».

Quizás era de esperar que, al tratarse de una operación dentro de esta *mecánica*, iba a resultar difícil localizar fuentes documentales que hablasen de los detalles del rellenado de la vaguada de Cantarranas. Varias búsquedas en el Archivo Complutense, que contiene toda la documentación de la Junta Constructora, no han llegado a esclarecer este negocio, a pesar del esmero con el que las archiveras Ana Rocasolano, Mercedes Pérez y Eva Alcaine siempre se pusieron a indagar un paso más allá de los materiales que yo proponía consultar.

Un documento de este archivo que por lo menos ayuda a acotar el rellenado es una serie de planos de febrero 1966 que registran en varios puntos la profundidad aún pronunciada en torno al arroyo de Cantarranas. Así, a pesar de que ya se extendía —como se ve en las fotos aéreas de 1965— esa amplia mancha blanca del rellenado, a principios de 1966 todavía no había llegado a colmatar las zonas profundas de la vaguada. Este documento está firmado por el arquitecto Ernesto Ripollés, quien diseñó muchos edificios del campus desde la posguerra en adelante.

Otro es un alzado, fechado un año más tarde, en marzo de 1967, también firmado por Ripollés, dentro de un proyecto de «cerramiento exterior entre pilares del viaducto de la Vía A»: llama la atención el uso de esta denominación tan neutra para referirse al viaducto de los Quince Ojos. Romper los lazos afectivos del nombre como paso previo a la destrucción. El dibujo de Ripollés, quien había colaborado directamente con Torroja en la reconstrucción de la Ciudad Universitaria después de la guerra, representa unas estructuras casi idénticas a los tabiques y puertas actuales del viaducto de los Quince Ojos. ¿Cómo se sintió Ripollés al proyectar esta intervención sobre la estructura de su antiguo compañero, fallecido cinco años antes? ¿Vergüenza? ¿Resignación? ¿Orgullo? ¿Alegría ante el mal ajeno?

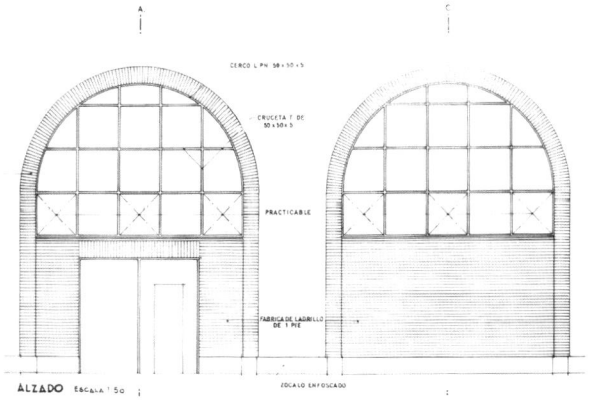

Incluso en tiempos de paz, la zona de Cantarranas constituye una especie de terreno disputado, competencia, según el área, de la Universidad Complutense, la Universidad Politécnica, el Canal de Isabel II o los ministerios de Agricultura, Fomento y Presidencia. Así, acabé consultando documentación del antiguo Ministerio de Obras Públicas (MOP) en el Archivo General del Estado (AGA), en Alcalá de Henares, puesto que la razón de ser del viaducto de los Quince Ojos es soportar la carretera de La Coruña, competencia directa de Fomento (antes MOP).

Siempre guardé la esperanza de dar con un documento donde se dijera exactamente quién ordenó el rellenado y por qué motivos concretos. Fue en el AGA donde localicé lo más parecido. Allí existe un legajo del MOP que recoge el rastro documental, si no del rellenado de la vaguada, sí de las obras que darían al viaducto su aspecto actual. Empieza el proceso el 8 de junio de 1967, cuando la Jefatura Provincial de Carreteras de Madrid propone el estudio del «cerramiento de los paramentos laterales del paso superior sobre la vaguada del arroyo Cantarranas», unas obras que se describen en términos de una «necesidad urgente».

Los diversos documentos del legajo dan cuenta de todo el proceso de planificación, aprobación y ejecución de las obras de cerramiento diseñadas por Ripollés en marzo de ese año, empezando por sus antecedentes. Se especifica que el organismo que realizó la operación de rellenado fue la Junta de Gobierno de la Ciudad Universitaria de Madrid, y que se llevó a cabo con dos finalidades: por un lado, «proceder al posterior aprovechamiento de la superficie de terreno que antes constituían las laderas y fondo de la citada vaguada», y, por otro, «con motivo de haberse canalizado el referido arroyo» e instalado una red de saneamiento. En otras palabras, la Junta decidió convertir el arroyo —descrito en otros tiempos como «paraje umbrío, bordeado de álamos frondosos, de plátanos gigantes, trozo selvático, lejano en miles de leguas al urbanismo estúpido»— en una alcantarilla subterránea, que cada cierto tiempo se empeñará en rebelarse, socavando siempre que puede la planicie artificial.

Como consecuencia de estas obras, explica la memoria del proyecto, «se puede considerar que esta vaguada prácticamente ha desaparecido», lo cual confirma que 1967 fue el año crítico. Pero, en cuanto a la lógica de esta operación —cuya enorme envergadura para nada queda reflejada en el informe—, nos quedamos con un vago *aprovechamiento* y unos colectores de aguas residuales. Una especie de tautología: el arroyo se enterró porque el arroyo se había canalizado.

¿Y toda esa tierra? ¿Cuántos sótanos excavados en Ciudad Universitaria en estos años —el del cercano Museo del Traje tiene cuatro plantas, más un inmenso aparcamiento subterráneo— escupieron sus tierras a la vaguada?

En la novela *The Third Hotel*, de Laura Van Den Berg, se sostiene que, mientras que en las películas de terror rurales el horror reside en «la pesadilla oculta que esperaba desierto adentro, o en aquella cueva o en medio del bosque», en la película de terror urbana el mal habita «las redes de túneles» que discurren debajo de las estaciones de metro, acecha «debajo de los sótanos». Esto es precisamente lo que ocurre en la película *Tesis* (1995), de Alejandro Amenábar, que arranca con un atropello en la estación subterránea de Nuevos Ministerios, bajo unas bóvedas de hormigón proyectadas también por Eduardo Torroja.

Más adelante, las escenas de terror y suspense tienen lugar entre los túneles y sótanos debajo de la Facultad de Ciencias de la Información. Es en estos espacios, excavados dentro de la tierra de relleno de la vaguada de Cantarranas, donde un profesor y un alumno se dedican a filmar *snuff movies*, una trama en la que la protagonista, Ángela, acaba viéndose envuelta como víctima.

Aquí el subsuelo de la facultad hace un guiño directo a la famosa persecución a través de los colectores vieneses de *El tercer hombre*, de Carol Reed. Como para subrayar la referencia, en otra escena de *Tesis*, en casa de Chema, el amigo de Ángela, esta se pregunta: «¿Y si no es él?», refiriéndose a Bosco, el alumno sospechoso. Pero Chema no está escuchando; está pendiente de un programa concurso de la tele donde en ese momento preguntan: «¿Qué película protagonizaron Joseph Cotten y Orson Welles?». A lo que Chema contesta: «*El tercer hombre*».

Otro espacio central de la película de Amenábar es la cafetería de la facultad, donde se reúnen Chema y Ángela, y donde ella observa —con una mezcla de sospecha y atracción— a Bosco. En 2015, veinte años después del rodaje de *Tesis*, debido a la situación de la facultad sobre el arroyo rellenado, se hundió una parte del suelo de la cafetería.

Los vuelos fotográficos de la provincia de Madrid de 1961-67 y de 1975 parecen registrar dos lugares distintos, si bien solapados sobre las mismas coordinadas. En el primer vuelo se aprecia la vaguada todavía intacta, con abundantes árboles en torno al arroyo, aunque ya con importantes obras aguas abajo del viaducto de los Quince Ojos. En cambio, en el segundo, la vaguada —desde la avenida Complutense hasta más allá del viaducto del Aire— ha desaparecido por completo.

Sin embargo, aunque en el texto del MOP podríamos entender que por «aprovechamiento de la superficie del terreno» se refiere a edificación, lo que se ve en la fotografía aérea de 1975 son —salvo el primer módulo de Ciencias de la Información y la Corona de Espinas— campos de cultivo, concretamente de la vecina Escuela de Agrónomos. Los campos de experimentación agrónoma llegaron a extenderse por toda la zona de relleno, desde el actual emplazamiento de los campos de rugby hasta lo que hoy es el último vestigio del dominio agrónomo sobre la zona: los viñedos que bajan en pendiente desde el perímetro de seguridad de la Moncloa hacia la vega del Manzanares.

En la fábula de Esopo del labrador y sus hijos, un labrador en su lecho de muerte revela a sus hijos que en una de sus viñas hay escondido un tesoro. Estos excavan y excavan alrededor de las vides, pero no encuentran ningún tesoro. Sin embargo, remover la tierra la ha hecho más fértil y, llegada la vendimia, les proporciona la cosecha más abundante de la comarca.

Donde antes estaba el barranco profundo y protector de Cantarranas, con el viaducto del Aire, hoy hay una viña experimental de la Escuela de Agrónomos, que se desarrolla bajo la mirada, al otro lado del antiguo barranco, de uno de los edificios historicistas del complejo presidencial. Como medida de seguridad, del centro de la viña se asoman unos mástiles altísimos con faros de alta intensidad, que de noche iluminan el sector por completo. Es probable que los agrónomos deban tener en cuenta la iluminación constante a la hora de valorar los resultados de sus campos de pruebas. De haber recibido alguna respuesta al correo que envié a ocho miembros de esta sección de la Escuela de Agrónomos, se lo habría consultado; sin embargo, no recibí ninguna. Y, al preguntar al Archivo General de la Universidad Politécnica por la amplia zona de la vaguada gestionada durante décadas por su Escuela de Agrónomos, me contestaron solo que «en este Archivo General, no existe ninguna documentación que pueda ayudarle en su investigación sobre la vaguada de Cantarranas».

A diferencia de la fábula de Esopo, bajo la viña de Agrónomos, al final de la antigua vaguada, sí hay algo escondido, pero es una tierra complicada de remover. En el borde se levanta, como parte del perímetro de seguridad de Presidencia del

Gobierno, un recinto rectangular delimitado por un murete de hormigón. Sobre el muro se alza, en un extremo, una torre de vigilancia y, alrededor del resto, una valla interior metálica rematada en cuchillas y otra exterior de alambre de púas electrificado. Para mayor seguridad, este tramo del perímetro está dotado de una estabilidad insólita: se apoya justamente sobre una estructura compuesta de dos enormes arcos gemelos de hormigón, de 18 m de altura y 36 m de luz, estabilizados mediante montantes esbeltos que se hunden hasta 15 m bajo tierra. En otras palabras, es el mismo tablero del viaducto del Aire lo que soporta esta sección del perímetro de seguridad del complejo de Presidencia.

Otra barrera de seguridad del Palacio de la Moncloa: desde la carretera que pasa por encima del viaducto de los Quince Ojos, a un lado se ve perfectamente el campo de rugby, su césped preso de manchas de humedad, que se extiende hasta Ciencias de la Información. Sin embargo, por el otro lado no se puede contemplar de la misma manera el *parking* del complejo de Presidencia; impiden la vista varias planchas de chapa metálica ondulada, montadas mediante vigas de acero sobre la cara del viaducto.

En los años de la Transición, la violencia volvió a afectar a la vaguada, en esa ocasión por la decisión de ubicar la sede de la Presidencia del Gobierno en el palacete. En esos años, la zona comprendida entre los viaductos de Torroja vivió al menos dos ataques de ETA: el primero, en octubre de 1978, cuando el grupo terrorista disparó unas ráfagas de metralleta desde la carretera. Más tarde, en febrero de 1980, ETA lanzó una granada que cayó, según *El País*, en «una pequeña pradera, que antiguamente pertenecía al Instituto de Semillas Selectas, y que sirve ahora para aterrizaje y despegue de helicópteros en la Moncloa». En un comunicado, la organización terrorista decía: «Pudimos haber lanzado ayer el proyectil contra el edificio de la Moncloa en plena sesión del Consejo de Ministros, pero consideramos que no es todavía el momento para ese nivel de enfrentamiento».

La granada fue lanzada desde las obras de la Corona de Espinas —paralizadas desde hacía una década—. Para el Gobierno y para la Ciudad Universitaria, había llegado el momento de buscar finalmente un uso para el edificio circular de Higueras y Miró. Se habían barajado opciones tan dispares como la Biblioteca Central de la Universidad Complutense, el Tribunal Constitucional, la sede de la OTAN y la propia Presidencia del Gobierno. Finalmente, el edificio —cuyas obras habían arrasado definitivamente con lo que quedaba del olvidado yacimiento neolítico— acogió el Instituto del Patrimonio Cultural de España.

Si los terroristas de 1980 eligieron esta zona por su cercanía a las altas esferas del poder, casi un siglo antes, en 1892, un grupo de anarquistas lo había elegido por todo lo contrario: el lugar estaba tan apartado que se podía hacer estallar una bomba sin llamar la atención. El personaje central del caso fue un tal Felipe Muñoz, tachado por *El Imparcial* de «agente provocador», dada la ambigüedad de su actuación. Él afirmaba haberse infiltrado en el grupo anarquista con la única finalidad de recopilar pruebas para denunciar a sus miembros. Pero, según este mismo diario, la amistad que trabó con dos de ellos, Debats y Ferreira, sus cómplices en la fabricación de la bomba, daba lugar a una serie de dudas: «¿Se ha reducido simplemente a inquirir lo que hacían, descubrir sus pasos y evitar un siniestro, o ha pasado de esos límites, llegando a estimularlos facilitándoles medios para el conato criminal?».

En la versión de *La Correspondencia*, Muñoz cuenta que después de haber estado en el Círculo de Trabajadores de la calle de la Cabeza, en Lavapiés, y de «haber preparado una bomba dorada del tamaño de una naranja», fueron «a la Florida a fin de hacerla estallar como por vía de ensayo». No sin antes pasar —fieles a los usos y costumbres de la zona, con sus muchos merenderos— por una tienda de ultramarinos del paseo de San Vicente «con objeto de comprar pan, queso y longaniza, para antes o después de hacer la prueba de la bomba tomar algún refrigerio».

Tan asociada estaba la zona con la merienda popular que Fernando Luque haría una versión satírica del «qué dirán si me cala el aguacero, va *calao*, va *calao*» de la zarzuela de Arniches *El amigo Melquíades*:

Vámonos a la fuente Cantarranas,
Amaniel o donde haya un verde *prao*,
porque ya de comer tenemos ganas,
bacalao, bacalao, bacalao.

La Época explicaba que los anarquistas terminaron de preparar la bomba «al lado de un árbol

inmenso, de los mayores que hay en la Florida»
—tal vez una de las secuoyas del jardín del Barranco, plantadas a finales del XVIII, que morirían en
la Guerra Civil—. Debieron de adentrarse bastante en la vaguada para alejarse de la carretera
de El Pardo, porque «el sitio elegido para hacer la
prueba de su bomba no podía ser más solitario. Es
una hondonada que cierran cuatro montecillos,
coronados de árboles». La visita del cronista al lugar de los hechos ocurre en abril, en la época de
lluvias, de manera que «el murmullo del arroyo, al
caer desde la altura de un montecillo, es el único
ruido que turba el silencio del valle».

Al llegar al arroyo de Cantarranas, según el
relato de *La Correspondencia*, Muñoz les dijo a los
compañeros: «Aquí, este es el punto donde vamos
a hacer el experimento». Cavaron un hoyo junto
al agua e introdujeron la bomba, que estalló a los
diez minutos, «produciendo una detonación que
no fue muy fuerte pero cuyos resultados fueron
que se removiese gran cantidad de tierras». En
otra versión, de *La Época*, Muñoz añade que «después de hechas las pruebas almorzamos a la sombra de un membrillo», cerca de una fuente dentro
de la hondonada solitaria. Según sus declaracio-
nes ante el juez, el plan último era «sumergir distintas bombas en las pilillas de agua bendita que
hay en las iglesias».

Según el Proyecto del MOP redactado entre julio de 1967 y marzo de 1968, la desaparición de la vaguada de Cantarranas preocupaba al Servicio de Conservación de la Jefatura de Carreteras por un motivo concreto: la zona debajo del viaducto de los Quince Ojos había quedado demasiado accesible y corría el riesgo de convertirse «en un breve plazo de tiempo [...] en vertedero de escombros e inmundicias», lo cual podía ocasionarle «serios problemas al Servicio de Conservación».

Así, cerrar el recinto bajo el tablero se vuelve «urgente» e «imprescindible». Parece igualmente urgente encontrar un lugar donde poder guardar material de señalización de carreteras, «al tener que desalojar la casilla de peones camineros» en la que la Jefatura tenía hasta ese momento su almacén de señalización. Y no solo esto: deben, además, encontrar algún lugar donde almacenar y reparar los postes y farolas de alumbrado. Qué mejor sitio que debajo del viaducto de los Quince Ojos y así matar dos pájaros de un tiro.

Los documentos del legajo en ningún momento hacen mención de consideraciones estéticas o patrimoniales. Bajo el tablero se proyectan cinco almacenes de diferentes tamaños, diseñados por Ernesto Ripoll, que ocupan de uno a seis ojos cada uno. Para instalar los tabiques interiores, se practican casi doscientos agujeros en los pilares del viaducto para poder empotrar las vigas de soporte. En 1961, en una carta a sus colaboradores que dejó escrita antes de fallecer, Torroja mencionaba «los sinsabores que trajeron los de fuera», capaces de «deshacer o de ahogar lo alcanzado».

La falta absoluta de lamento en esos informes técnicos por la degradación que se estaba llevando a cabo, tanto del viaducto como de su entorno, contrasta fuertemente con el tono de esas «Conversaciones sobre la Ciudad Universitaria» celebradas poco después, en 1972. Si bien allí no se aborda el tema del semientierro del viaducto de los Quince Ojos ni de la desaparición del viaducto del Aire, de las trece fotografías que acompañan el texto que después se publicó, tres son del viaducto de los Quince Ojos (una de la época de su construcción y dos de 1972).

De la primera foto, Carmen Castro lamenta, en el pie de imagen, bajo el título «El desorden actual», el estado sin terminar de la Corona de Espinas, «excelente obra de Fernando Higueras», y describe «al fondo lo que fue viaducto de Torroja convertido en almacenes», así como el «terraplenado» del antiguo arroyo de Cantarranas, «de una topografía, cuando existió, encantadora». La foto está tomada, quizás sin saberlo, desde el arranque del viaducto del Aire. El pie de la segunda foto anuncia, con ironía y pesadumbre: «El viaducto de Eduardo Torroja, el mejor ingeniero de este siglo, convertido en un increíble almacén. Con sus jardincitos y todo».

Según el legajo del MOP, las obras de cerramiento terminaron finalmente en octubre de 1971. A un

año de las obras, ya se había acumulado —en la segunda foto, a la derecha, a la sombra de un chopo— una pila nada desdeñable de farolas al otro lado de la calle sin salida, anunciada a ambos lados por sendos carteles, enfrente de los «jardincitos».

Quien visite hoy la calle sin salida encontrará —entre montones de tierra seca, cascotes y contenedores de basura— un almacén de sal para las carreteras, con las paredes totalmente ennegrecidas, y al lado otro que se usa como lavadero de camiones de basura. El almacén más grande de todos sigue siendo de la Dirección General de Carreteras (antes Jefatura), perteneciente al Ministerio de Fomento (antes de Obras Públicas). Cuando les solicité visitar el almacén por dentro, me pidieron una carta formal explicando el motivo de la visita. Al cabo de unos días, me la denegaron «por motivos de seguridad». Me tuve que conformar con mirar por debajo de la puerta...

En torno a los pilares del viaducto, se aprecia una acumulación aparentemente aleatoria de cosas. Un carro metálico de supermercado, un remolque rojo, pilas de documentos, un escritorio, una estantería llena, otra vacía... Sobre uno de los pilares cuelga un espejo ancho, tapado por un cúmulo de tableros de melamina. Por debajo de otra puerta, se vislumbran pilas de ladrillos y documentos, varias cajas de papel A4 alineadas y, en un lateral, la escultura monumental de una mujer que parece cargar un peso sobre el hombro izquierdo. En otro almacén, se apilan, sin pretensión de orden, motores, impresoras, ordenadores, un televisor y bombonas de gas. Aquí también cuelgan no uno sino dos espejos, estos más pequeños. ¿Servirán para controlar la puerta cuando se está trabajando dentro? El pilar donde están los espejos parece recién pintado de blanco; el tono homogéneo de la superficie resalta una veintena de impactos de bala.

Uno de estos almacenes pertenece a la cercana Facultad de Bellas Artes. Tiene una puerta metálica azul celeste desteñido, con una cerradura aparentemente labrada en el propio taller de escultura de la Facultad, cerrada por un candado grueso y oxidado. Un profesor de Escultura es el encargado de controlar el acceso a este almacén. A diferencia del Ministerio, el profesor sí me concede amablemente el acceso y me acompaña hasta la puerta metálica.

Por el camino, señalando el *parking* del complejo presidencial al otro lado del perímetro de seguridad, el profesor reflexiona: «Allí está toda esa parte que algún día acabará en el Manzanares». La inclinación de la acera que bordea los almacenes evidencia ya el progresivo hundimiento de la zona. Torcida, se despega de los pilares de hormigón, dejando una grieta profunda cuyo fondo, oscuro, ni se adivina. ¿Treinta centímetros? ¿Dos metros? Llegados a *nuestro* almacén, el profesor me abre la puerta y me deja solo.

En el interior, descubro un espacio alto y estrecho, con los arcos laterales tapiados cegando la perspectiva de arcos que se repiten y desdoblan. La superficie de hormigón macizo de los pilares, a diferencia de estos tabiques de ladrillo revestido de cemento, presenta numerosos impactos de bala, sobre todo en el pilar izquierdo según se entra. Estos impactos se conservan visiblemente mejor que los del exterior.

Con cierto orden, se guardan objetos de tipología dispar en una serie de conjuntos temáticos. Sillas. Escayolas de figuras humanas y sus fragmentos, protegidos del polvo omnipresente por un plástico en origen transparente, ahora translúcido. Una figura masculina de pie lleva en la cabeza, por encima del plástico grisáceo, un gran cubo negro. Hay restos de un decorado de teatro: fragmentos de lo que parece ser un castillo y también un falso contenedor de basura muy convincente, que rima con los que, fuera, bordean el camino de servicio. Varias filas de caballetes de escultor se alinean a un lado del almacén y al fondo se despliega un pequeño ejército de taquillas tan llenas de grafitis como las que se encuentran en la Facultad misma. Dos rezan, de la misma mano: LA QUEJA SIN ACCIÓN NO SIRVE DE <u>NADA</u>.

Al fondo, en la parte superior del cerramiento del arco, hay un gran ventanal de cristales rotos a través del cual se filtra una luz amarilla muy agradable, de final de día, a la vez que se escuchan los chillidos suaves de los ratones escondidos entre los trastos. Al otro lado del precario ventanal, el complejo presidencial del Gobierno de España.

El artista Gerardo Aparicio empezó a estudiar Grabado en la antigua Escuela de San Fernando, de la calle de Alcalá, antecesora de la actual Facultad de Bellas Artes de la UCM, donde el rastro del antiguo nombre aún se puede leer, a modo de palimpsesto, sobre la entrada principal. Aunque en las antiguas instalaciones los estudiantes apenas cabían en el vetusto taller, resultaba inspirador verse rodeado de las numerosas estampas originales que adornaban las paredes: Goya, Rembrandt, las *Carceri d'invenzione* de Piranesi. En un viejo arcón de madera se almacenaban grabados que se llevaban intercambiando con otras escuelas del norte de Europa desde hacía décadas o incluso siglos. A medida que se iba acercando el momento de trasladar la Escuela a la Ciudad Universitaria empezaron a desaparecer estas estampas. Gerardo y otros alertaron a uno de los catedráticos de Grabado, pero este no hizo nada al respecto. En el transcurso de la mudanza, en el otoño de 1967, desaparecieron más cosas, como un dibujo de Antonio López o dibujos antiguos de anatomía.

Cuando llegaron los estudiantes de Grabado a la nueva Escuela, les pareció increíble que el taller fuera tan amplio «como una nave industrial».Las *Cárceles* de Piranesi se volvieron a colgar, otras estampas, no; otras se colgaron y luego desaparecieron. En estas nuevas instalaciones tan grandes, con tantas entradas y salidas, y con unos bedeles muy poco motivados, el robo y los destrozos eran más difíciles de controlar. Algunos alumnos empezaron a hacer gamberradas; en opinión de Gerardo, como expresión de libertad, aunque a él no le pareciera la mejor forma de canalizar sus frustraciones. Las fuentes grandes detrás de la cafetería se destruyeron y en poco tiempo dejaron de llenarse de agua (y a día de hoy siguen secas). En otro caso, un estudiante emborronó toda la parte inferior de la gran copia mural del *Martirio y transporte del cuerpo decapitado de San Cristóbal*, de Mantegna, situada cerca de la biblioteca. «Era una Escuela sucia», afirma.

Gerardo Aparicio se fijaba mucho en estas cuestiones porque era uno de los delegados extraoficiales de los alumnos. Para ser delegado oficial, había que estar inscrito en el SEU, el sindicato universitario de Falange, y este puesto lo ocupaba otro alumno que con el tiempo llegaría a ser catedrático de la Facultad —y dedicaría su tesis a la Guardia Civil—. Gerardo, en cambio, fue uno de los delegados clandestinos. Con los años, llegaría a ser profesor asociado de Grabado en la entonces Facultad durante diez años, hasta que se cansó del ambiente. Con el traslado a Ciudad Universitaria, se ampliaron no solo las instalaciones sino también la plantilla y, según Gerardo, «malos profesores entraron a aluvión. Metían de tapadillo a amiguetes y a amiguetes de los amiguetes. Una cosa apocalíptica».

A pesar de su rechazo al sindicato universitario, Gerardo y sus compañeros sí iban a comer a los comedores del SEU, enfrente de la plaza Ramón y Cajal, porque era, de lejos, la opción más económica. Subían no por los senderos de la vaguada que aparecen en las vistas aéreas de 1961 y 1965, sino por la calle Arquitecto López Otero. Recuerda, a la derecha, la Casa de Velázquez y, de frente, un túnel por el que había que pasar. A la izquierda, solo un «espacio desértico» lleno de hormigoneras y tablones, donde estaban haciendo obras. Se decía medio en broma que habían emplazado Bellas Artes en esa zona por lo mucho que contaminaban los productos que se usaban en estas obras, para así envenenar a los jóvenes artistas. Gerardo confiesa que no tenía ni idea de que esa llanura desértica había sido, solo unos meses antes de su llegada a la Escuela, un valle verde, ni que aquel túnel formaba parte de un enorme viaducto. De poco tiempo antes data una foto aérea de las obras de la Facultad (1962-1967) expuesta en el sótano de la misma, dentro de un panel informativo sobre la historia de la institución que, a pesar de reproducir la imagen a gran escala, no incluye ningún apunte acerca de la vaguada ni el viaducto que claramente hoy no están al lado de la Facultad. El semicírculo blanco de tierra explanada en el borde del barranco corresponde a la mitad de la planta circular de la Corona de Espinas y, también, a la zona del poblado descubierto por José Viloria.

Gerardo sí llegó a conocer el viaducto del Aire, el último reducto de la vaguada que aún sobrevivía (en la foto, en la parte inferior). En tercero de carrera había una asignatura que se llamaba Paisaje, en el que los estudiantes se dispersaban por los alrededores a pintar. Mientras que los demás solían buscar lugares que encajaban con una concepción de paisaje más canónica, él se iba solo a explorar detrás de la Corona de Espinas. Toda la zona estaba removida, con restos de construcción; era un lugar «muy inhóspito» porque aparte de la tierra removida, sin ni siquiera hierba, no había más que algunos «pinos miserables, maltratados, pequeñitos», unas estructuras de hormigón que según creía eran «plantas de búnkeres» y restos de parapetos de la Guerra Civil y un puente de hormigón. Influido por las cárceles de Piranesi, el paisaje «descarnado» de la vaguada moribunda le fascinaba.

Para introducirse en esta zona inhóspita, «que era como un valle» —«uno de los valles más hermosos de la Ciudad [Universitaria], valle muy encajado, y sobre el cual la rasante pasa alta», había dicho Torroja en 1932—, se metía aguas abajo del viaducto para trabajar con «alguna construcción, algún pino». Aún conserva algunos de sus apuntes de esos «descampados al lado de la Facultad». En un dibujo se ve uno de aquellos pinos «maltratados», casi seco del todo, con solo unas pocas manchas de verde, el resto de un tostado rojizo. La sombra del pino es tan oscura que parece ceniza, o sepultura abierta. Detrás, lo amenaza un montón de tierra tan imponente que sale del cuadro, y que encarna una fuerza torpe pero contundente, imparable. En cambio, al fondo, un poco difuminado, se asoma un campo verde bajo un cielo azul pálido.

Fruto de estas excursiones, Gerardo pintó un cuadro del viaducto del Aire que le valió una beca para pasar el verano en una residencia de artistas, pese a que sus compañeros y profesores decían que la imagen que había creado no era paisaje sino que parecía más bien «un proceso industrial». El caso es que, en la vaguada de Cantarranas de finales de los años sesenta, el paisaje se había reducido a un proceso industrial; una topografía que se hacía y deshacía con la fuerza bruta de las máquinas.

Pregunto a Gerardo Aparicio si era consciente de que el viaducto, cuando lo pintó, se estaba enterrando progresivamente desde los laterales, dejando a la vista solo dos de los nueve montantes en uno de sus lados. De hecho, el cuadro recoge las distintas tonalidades de la tierra: el suelo original de la vaguada, oscuro, y la tierra de relleno, más clara. Según Gerardo, el puente era de un gris cálido, la ladera de la izquierda era de tonos tierras y naranjas y la parte inferior, de tonos tierra fríos, con algo de azul.

Le comento que, con respecto a cómo se ve en una foto de Juan Miguel Pando de 1953, sacada desde una perspectiva parecida, el puente del cuadro se ve achicado, en el sentido de que está medio enterrado. Él entiende, en cambio, que me refiero al tratamiento de la perspectiva, que se le criticó en su momento por forzada. Dice que quizás alteró el puente ligeramente para la composición, que no pretendía registrar la realidad de forma literal, sino hacer un «semblante del paisaje» dentro del imaginario piranesiano en el que se estaba moviendo, con múltiples puntos de fuga. Y, sin embargo, sí es registro y testimonio; el último que tenemos del viaducto del Aire, y el único del proceso de su enterramiento.

Gerardo, inmerso en lo que solo cuarenta años atrás se consideraba aún parte del antiguo paisaje velazqueño —cuya propia cualidad de paisaje se cuestionaba entonces desde el sector de la pintura academicista—, miraba aguas abajo, hacia la zona donde, en 1815, se había colocado Ferdinando Brambila para pintar el barranco, con aquellos pastorcillos y el rebaño, una perspectiva dominada desde lo alto por el palacete goyesco de la duquesa de Alba. En un correo electrónico previo a nuestra conversación, Gerardo me dijo del cuadro: «Lo había perdido de vista, poco después de que lo pinté, el puente desapareció», y añadía:

«Me resulta raro, que alguien esté interesado en ese tiempo y en ese puente».

INFRAMUNDO

—Cuéntame, por curiosidad... ¿de qué va tu libro? —me pregunta la psicóloga, a modo de cierre.

—Es sobre una zona de la Ciudad Universitaria que era un pequeño valle, que estaba pensada en un principio como zona verde, al estilo de los campus norteamericanos, y que luego fue tierra de nadie durante la Guerra Civil. Tenía también obras del ingeniero Eduardo Torroja, ¿lo conoces?

—Creo... ¿que sí?

—Fue importante tanto durante la República como después. Luego, en los años sesenta, se rellenó la vaguada de forma inexplicable. Se enterraron los dos puentes que Torroja había diseñado y se perdió esa zona verde. Uno de los puentes solo se enterró parcialmente. Tenía unos arcos increíbles, altísimos, como en los cuadros de Giorgio de Chirico. Ahora se ve solo la parte superior de los arcos, que además se tapiaron para hacer unos almacenes feísimos. El otro puente está totalmente enterrado. Y todo, básicamente, para hacer un campo de rugby y un *parking*.

—Qué interesante. ¿Y qué crees que es lo que más te llama la atención de ese lugar?

—El hecho de que todo eso siga allí en realidad. Que parezca que está todo *borrado*, cuando en realidad está solo *oculto*.

—Esos puentes son... *¿supervivientes?*

—Sí, puede ser... —De golpe, entiendo con asombro por dónde van los tiros. Nos miramos. Cautamente, decido desviar la pregunta—. Pero no sé si lo que me atrae es la supervivencia. El entierro de la vaguada de Cantarranas y los viaductos me recuerda más bien a una fosa común, pero a escala arquitectónica.

—Ya, los muertos no pueden volver.

—No.

—Y te parece una injusticia. —Como es lógico, ella quiere llevarlo de vuelta al caso, pero no sé si me apetece, así que no me doy por enterado.

—Sí —le digo—, pero también es como un inframundo del que no se puede volver una vez que se entra.

—Qué dantesco... ¿Cómo imaginas ese inframundo?

—En realidad ya hice una pieza de animación sobre esto, así que te lo puedo contar. Primero, uno de los puentes, el viaducto del Aire, que es básicamente un gran arco, es como una puerta de acceso. Entras y ves abajo el suelo de antes, y arriba, en vez del cielo, se ve el reverso de la superficie de hoy. El mundo que transitas, que en realidad sería toda esa tierra de relleno, aquí es un vacío oscuro entre los dos suelos.

—¿Y el suelo de antes tiene hierba? ¿Es un lugar alegre, verde...?

—No, es todo gris y negro. Y los dos suelos, tanto el de arriba como el de abajo, tienen un acabado como de agua; parece un oleaje detenido.

—¿Y eso? ¿Por el arroyo? ¿Por la laguna Estigia?

—Lo de la laguna Estigia no lo había pensado... En realidad es porque Torroja también fue el ingeniero de una presa hidroeléctrica que anegó varias aldeas durante los mismos años del rellenado de la vaguada.

—Ah, ya veo: cuesta distinguir entre víctimas y verdugos. Hmm... ¿Hay alguna narración?

—No, pero según avanzas vas oyendo los sonidos de la superficie: una puerta que chirría, los ladridos de los perros de la Moncloa, ruedas sobre gravilla, tráfico...

—Los del inframundo pueden oír nuestro mundo, pero nosotros no percibimos el suyo. ¿Es así?

—Podría ser... Y bueno, eso es todo: entras por el arco, das la vuelta entre los pilares del otro viaducto, vuelves a salir por el arco hacia un vacío negro... y vuelta a empezar. Das vueltas y vueltas en bucle.

—¿Y cómo crees que alguien podría salir del bucle?

—En la pieza, no puedes. Pero hace poco leí en un artículo de prensa sobre unos seres que sí lograron salir de ahí. Decía *El País* que al sepultar el viaducto del Aire la remoción de tierras desplazó las colonias de termitas, que desde entonces se dedican a devorar la carpintería y el mobiliario de las facultades cercanas. Pero yo creo que no fue así.

—¿Ah no?

—No. Pienso que más bien, después del rellenado de la vaguada, las termitas se fueron alimentando durante décadas de aquel bosque enterrado en vida hasta multiplicarse y salir en busca de nuevas maderas para comer, una vez agotado el bosque sumergido.

—Y en tu pieza, ¿hay árboles?

—Pues no. No hay árboles. Solo puentes y sonidos. De hecho, si no contara la historia, nadie entendería de qué se trata.

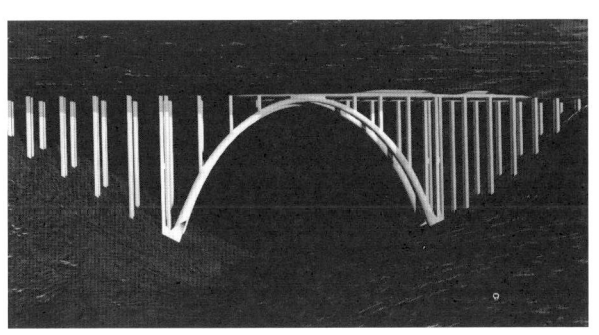

MAPAS

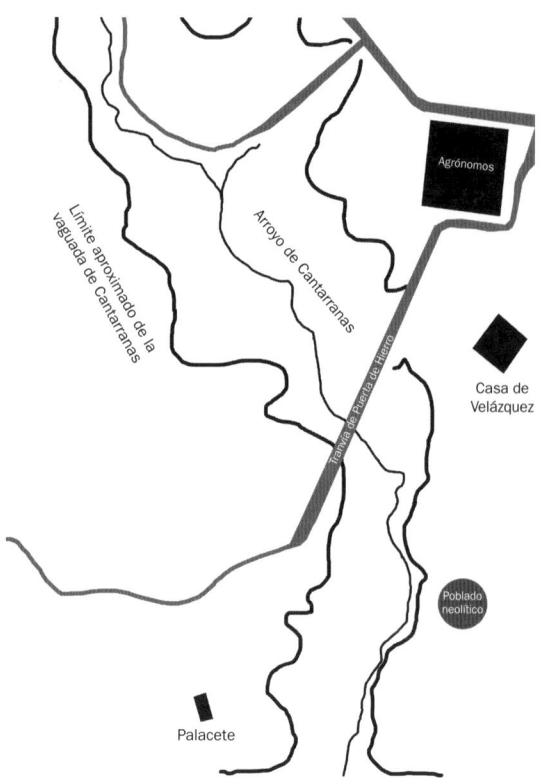

La vaguada de Cantarranas antes de las obras de Ciudad Universitaria, basado en el plano parcelario de 1929 y el artículo de Pérez de Barradas.

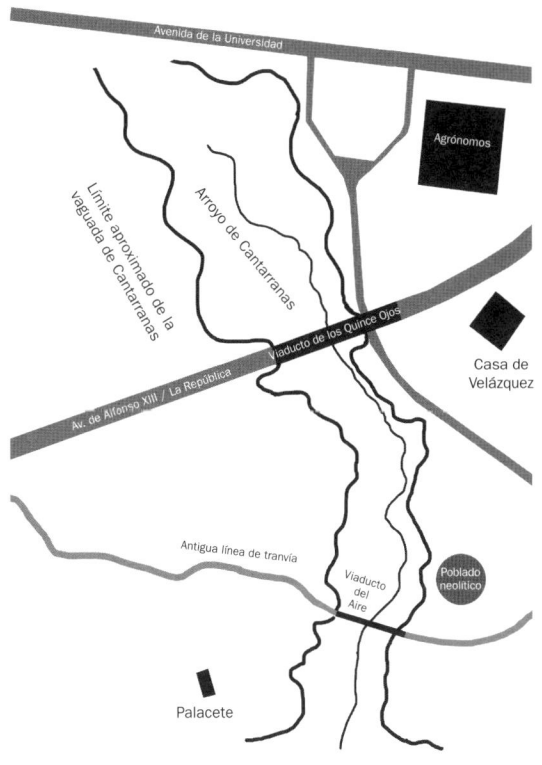

La vaguada de Cantarranas en los años treinta,
a partir los planos topográficos inéditos «Ciudad Universitaria
de Madrid. Plano General» (Archivo UCM 111/12-1), ca. 1940.

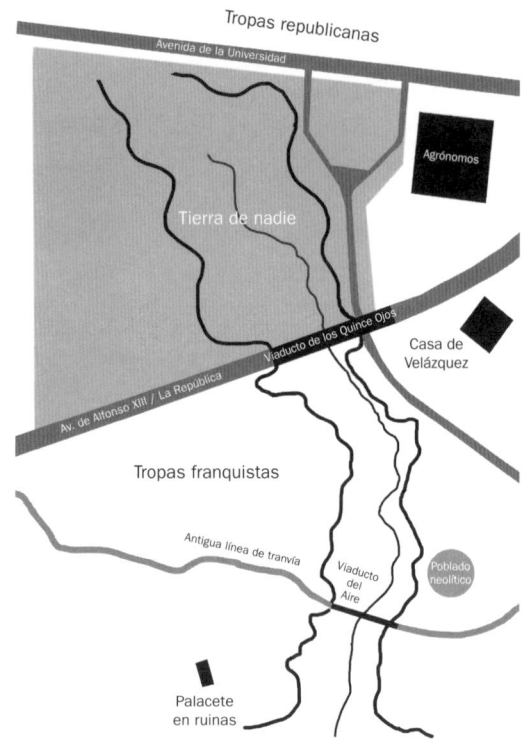

La vaguada de Cantarranas durante la Guerra Civil,
a partir de los planos topográficos inéditos «Ciudad Universitaria
de Madrid. Plano General» (Archivo UCM 111/12-1), ca. 1940,
y fotos inéditas del Archivo Histórico del Ejército del Aire
(A7755, 1-13977-02), entre otros.

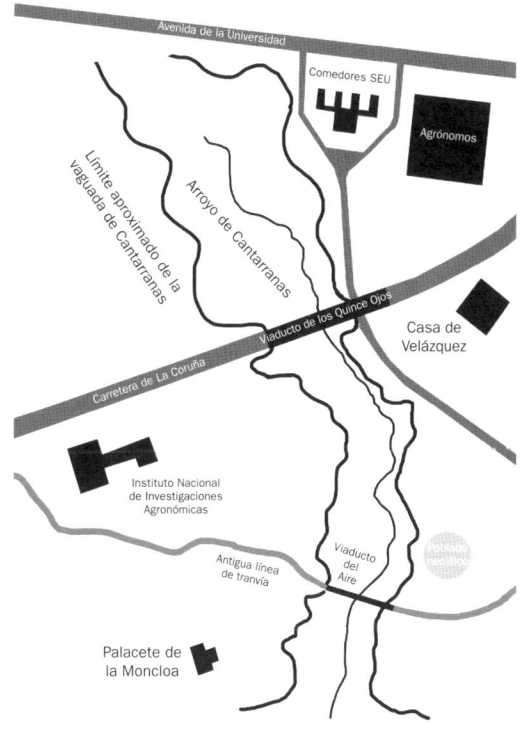

La vaguada de Cantarranas en la posguerra,
a partir de diferentes fuentes documentales.

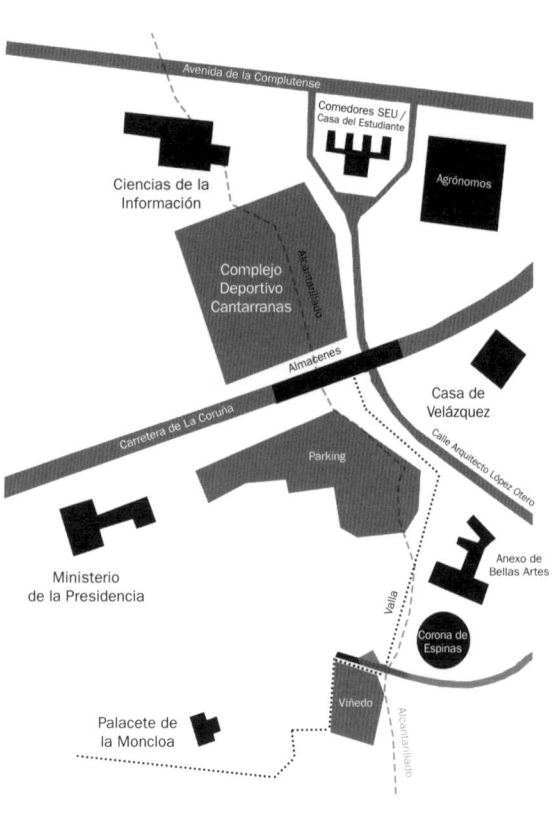

Cantarranas después de 1967.
Basado en los planos inéditos «Red General de Saneamiento»
(Archivo UCM 111/12-04, documento 4.5), de 1980,
y en cartografía actual.

IMÁGENES

Cantarranas

p. 24 (arriba) Viñetas de José Viloria en *Transporte*, 15/1/1934. Hemeroteca Digital, Biblioteca Nacional de España.

p. 24 (abajo) Viñeta de José Viloria en *Transporte*, 15/4/1932. Hemeroteca Digital, Biblioteca Nacional de España.

p. 26 Maruja Mallo, Josefina Carabias y *Antro de fósiles*, 1931. Reproducida en *Mujeres en vanguardia* [catálogo de exposición], Residencia de Estudiantes, 2015, p. 119. © Maruja Mallo, Gerardo Aparicio Yagüe, «Alfonso», VEGAP, Bilbao, 2025.

Ciudad Universitaria

p. 37 (arriba) Fotografía del viaducto del Aire de Alfonso Sánchez García (Estudio Alfonso), sin fecha. Fondo Estudio Alfonso, cortesía del Archivo General de la Administración (AGA 011402). © Alfonso, VEGAP, Bilbao, 2025.

p. 37 (abajo) Fotografía del viaducto de los Quince Ojos de Alfonso Sánchez García (Estudio Alfonso), «Ciudad Universitaria. Viaducto», 31/7/1930. Fondo Estudio Alfonso, cortesía del Archivo General de la Administración (AGA 011401). © Alfonso, VEGAP, Bilbao, 2025.

p. 45 Fotografías de los viaductos de Sibylle von Kaskel, reproducidas en Covadonga Martínez, *La baronesa Sibylle von Kaskel*, Albores, 2020.

p. 48 Doble página de la revista *Mundial* con dos fotos de Von Kaskel, 6/1936, cortesía de la Biblioteca Nacional de España.

Frente de Madrid

p. 52 Cuadro del palacete de la Moncloa de Ferdinando Brambila, reproducido en Joaquín Ezquerra del Bayo, *El Palacete de la Moncloa*, Sociedad Española de Amigos del Arte, 1929.

p. 56 Fotografía aérea del frente de Ciudad Universitaria, Archivo Histórico del Ejército de Aire (AHEA A7755, p. 29).

pp. 59-60 Fotografía de Albero y Segovia desde dentro de la Facultad de Filosofía y Letras y detalle de la misma. Archivo General de la Administración («Archivo Rojo», AGA F-04063-55410-001).

pp. 61-63 Fotografía anónima desde la Casa de Velázquez y detalles de la misma. Copia en alta resolución cortesía del Archivo Histórico del Ejército del Aire (AHEA 1-13623-01).

p. 64 Fotografía anónima del viaducto del Aire durante la Guerra Civil, de la caja «Frente de Madrid. Ciudad Universitaria», cortesía de la Biblioteca Nacional de España (BNE GC-CAJA611623r-41).

p. 66 Fotogramas de Edgar Neville, *La Ciudad Universitaria*, 1938. La imagen panorámica es un montaje a partir de tres fotogramas.

pp. 67-68 Fotografías de Albert-Louis Deschamps, reproducidas en Marie-Loup Sougez, *Albert-Louis Deschamps, fotógrafo en la guerra civil española*, Consejería de Educación y Cultura, 2003, pp. 151 y 154.

Senderos

p. 69 y 72 (izq.) Fotogramas de *Paseos por una guerra antigua*, proyectada en la exposición *El tragaluz democrático*, Arquería de Nuevos Ministerios, 2023. Agradezco a Aurora Fernández Polanco la referencia.

pp. 72 (dcha.) Fotografía del viaducto del Aire. Centro de Estudios y Experimentación de Obras Públicas (CEDEX, I-ETM-066-01).

p. 73 Detalle de la portada de *La Ciudad Universitaria de Madrid*, Secretaría de la Junta de la Ciudad Universitaria, 1946.

pp. 76-77 Detalle de una foto aérea de la Ciudad Universitaria del Archivo Complutense donde aparece la vaguada de Cantarranas y montaje a partir de otras dos fotos aéreas del mismo archivo (UCM 183/16-1,3,7).

p. 79 Fotografías de la maqueta de Fernando Higueras y Antonio Miró del Centro Nacional de las Artes y la Cultura, revista *Nueva forma*, núm. 65, 1971, pp. 45-47.

p. 83 Fotografía aérea de la Ciudad Universitaria de Aeropost (Mariano Bagües), fechada el 5/8/65. Colección Mariano Bagües, Biblioteca Nacional de España.

p. 84 (izda.) Detalle de una fotografía aérea del 25/4/1939. Archivo Histórico del Ejército del Aire (AHEA 1-13977-02).

p. 84 (dcha.) Fotografía aérea de Aeropost de 1965. Biblioteca Nacional de España.

p. 85 Fotografía aérea de la Ciudad Universitaria de Aeropost (Mariano Bagües), fechada el 5/8/65. Colección Mariano Bagües, Biblioteca Nacional de España.

El fin del paisaje

p. 93 (arriba) Alzado de Ernesto Ripollés de los cerramientos del viaducto de los Quince Ojos. Universidad Complutense de Madrid (UCM 111/12-1,32).

p. 93 (abajo) Montaje a partir de los alzados de Ripollés y una fotografía de los años treinta reproducida en «Viaducto de Quince Ojos», *Informes de la Construcción*, vol. 14, núm. 137, 1962.

p. 98 La zona de Cantarranas en los ortofotomapas de Madrid de 1961-1967 y de 1975, consultados en la herramienta *online* Visor CartoMadrid, de la Comunidad de Madrid.

p. 100 Perímetro de seguridad levantado sobre el tablero del viaducto del Aire. Fotografía del autor.

p. 106 Fotografías del viaducto de los Quince Ojos al poco del rellenado de la vaguada, reproducidas en Carmen Castro, «Conversaciones sobre la Ciudad Universitaria», *Arquitectura*, núm. 162-163, 1972.

p. 106 Estado del viaducto de los Quince Ojos a mediados de 2024. Fotografía del autor.

p. 114 Obras de construcción de la Facultad de Bellas Artes y la Corona de Espinas, con el viaducto del Aire en primer término. Fotografía reproducida en un panel dentro de la Facultad.

p. 116 Cuadro de Gerardo Aparicio del viaducto de Aire y detalle de una imagen custodiada en el Archivo del Decanato de la Facultad de Bellas Artes (UCM), localizada gracias a la tesis doctoral de Alejandro Simón, *Recordar las facultades del arte*.

p. 117 Fotografía del viaducto del Aire de Juan Miguel Pando Barrero, 1953. El negativo (PANDO, PAN-061457-bis_P) se conserva en el IPCE, en la Corona de Espinas, prácticamente encima del lugar donde se sacó la foto. © Juan Miguel Pando Barrero. Archivo Pando, IPCE, Ministerio de Cultura y Deporte.

Inframundo

p. 125 Fotograma del cortometraje del autor *Cantarranas sumergido* (2018), realizado con la ayuda de Belén Jiménez Fernández-Palacios y con financiación del Centro de Arte Complutense, con modelos de los viaductos cortesía del proyecto Campus Husso Digital.

FUENTES

ANGULO, Javier (1980, 23 de febrero). «ETA (p-m) lanzó la granada contra el palacio de la Moncloa», en El País.

AZAÑA, Manuel (2000). *Diarios completos: Monarquía, República, Guerra Civil*. Edición de Santos Juliá. Barcelona: Crítica.

BARDEM, Juan Antonio et al. (1949) *Paseos por una guerra antigua* [inédita]. Proyectada en la exposición *El tragaluz democrático* (2023), comisariada por Germán Labrador en la sala La Arquería, Nuevos Ministerios.

BENJAMIN, Walter (2007). «Sobre el concepto de historia», en *Obra completa*, vol. I: 2. Edición de Rolf Tiedemann et al. Madrid: Abada Editorial.

CASTRO, Carmen et al. (1972, julio y agosto). «Conversaciones sobre la Ciudad Universitaria», en *Arquitectura*, núm. 162-163.

CHÍAS NAVARRO, Pilar (1986). *La Ciudad Universitaria de Madrid. Génesis y realización*. Madrid: Universidad Complutense.

CUEVAS, Fernando (2000, 7 de febrero). «Torroja y el beato Josemaría», en el dominical del D*iario de Ibiza*. Agradezco a Covadonga Martínez esta referencia.

EZQUERRA DEL BAYO, Joaquín y Sociedad Española de Amigos del Arte (1929). *El Palacete de la Moncloa*. Madrid: en talleres de Espasa-Calpe.

FUERTES DE VILLAVICENCIO, Fernando (1972). *Palacio de la Moncloa. Madrid*: Patrimonio Nacional.

GONZÁLEZ CÁRCELES, Juan Antonio (2009). «La recuperación del Palacete. Una intensa historia», en *El Palacete de la Moncloa. Su pasado y su presente* [edición facsimilar]. Madrid: Presidencia del Gobierno.

JUNTA CONSTRUCTORA DE LA CIUDAD UNIVERSITARIA (1947). *La Ciudad Universitaria de Madrid*. Madrid: Secretaría de la Junta de la Ciudad Universitaria.

«Lanzan una bomba contra el palacio de la Moncloa» (1980, 22 de febrero), en *El País*.

LONDON, Artur (1978). *Se levantaron antes del alba*. Barcelona: Ediciones Península.

MALLO, Maruja (1939). *Lo popular en la plástica española a través de mi obra*, 1928-1936. Buenos Aires: Losada.

MARTÍNEZ, Covadonga (2020). L*a baronesa Sibylle von Kaskel. Un recorrido por la vanguardia fotográfica* (1930-1950). Sevilla: Ediciones Albores.

NADAL, Paco (2022, 7 de junio). «Fantasmas acuáticos, buceo en pantanos», en *El País*.

PÉREZ DE BARRADAS, José (1931-1932). «Excavaciones en el poblado eneolítico de Cantarranas (Ciudad Universitaria de Madrid)», en *Anuario de prehistoria madrileña*, vols. II-III.

RUBIO SIMÓN, Alejandro (2019). *Recordar las facultades del arte. Bellas Artes y Universidad en Madrid* (1967-1992) [tesis doctoral]. Universidad Complutense de Madrid.

SOUGEZ, Marie-Loup (2003). *Albert-Louis Deschamps: fotógrafo en la guerra civil española*. Valladolid: Junta de Castilla y León.

TORRES SANTO DOMINGO, Marta (2008). «Los libros de las bibliotecas forman magníficos parapetos», en *La Facultad de Filosofía y Letras de Madrid en la Segunda República*. Edición de Santiago López-Ríos Moreno y Juan Antonio González Cárceles. Madrid: Sociedad Estatal de Conmemoraciones Culturales, Ayuntamiento de Madrid y COAM.

TORROJA MIRET, Eduardo (1932). «Los viaductos de la Ciudad Universitaria», en *Arquitectura: órgano de la Sociedad Central de Arquitectos*, núm. 163-164.

— (1944). *Discurso leído en el acto de su recepción el día 29 de noviembre de 1944*. Real Academia de Ciencias Exactas, Físicas y Naturales.

— (1957). *Razón y ser de los tipos estructurales*. Madrid: Instituto de la Construcción y del Cemento ITCC [CSIC, 2010].

— (1999). *Las estructuras de Eduardo Torroja*. Madrid: Ministerio de Fomento.

VICENTE GONZÁLEZ, Manuel de (2014), editor. *Historia militar de la guerra civil en Madrid* [trilogía]. Madrid: Ministerio de Defensa y MK Editora.

Ha sido posible rastrear la historia de la vaguada de Cantarranas en la prensa de época gracias a la Hemeroteca Digital de la Biblioteca Nacional de España, concretamente a través de los siguientes periódicos y revistas: *ABC y Blanco y Negro, Buen Humor, Ahora, El Heraldo de Madrid, Mundo Gráfico, La Correspondencia de España, La Época, El Imparcial, La Esfera, Brisas, Labor, Marca, Mundial, La Nación, Anuario de prehistoria madrileña, Re-Co, La Codorniz, Transporte y Crisol*. Otros, como *Re-Co* y *Brisas*, pude consultarlos en la sede del paseo de Recoletos.

Los documentos del Ministerio de Obras Públicas relativos al cerramiento del viaducto de los Quince Ojos, hoy conservados en el Archivo General de la Administración en Alcalá de Henares, se encuentran en el siguiente legajo: AGA (04)087 LEGAJO 19202 TOP. 46/29. Del AGA provienen también las fotografías del Estudio Alfonso y de Albero y Segovia descritas en el índice de imágenes.

En el Archivo Complutense consulté, entre otros, las fotografías aéreas analizadas en el cuarto capítulo (UCM 183/16-1,3,7), los documentos y alzados firmados por Ernesto Ripollés (111/12-1,32), y el Plano General Topográfico de Ciudad Universitaria (doce hojas, escala 1:1000) levantado en la posguerra (111/12-1,1.6).

En el Archivo Histórico del Ejército del Aire, en Villaviciosa de Odón, pude consultar fotografías aéreas de la Ciudad Universitaria hechas durante la Guerra Civil y posguerra, tanto digitalizadas (AHEA 1-13623-01, entre otras) como físicas (dentro del álbum AHEA A7755).

El cortometraje *La Ciudad Universitaria*, firmado por Edgar Neville, fue consultado en la Filmoteca Española (signatura A9922). Sin embargo, al no ser posible solicitar fotogramas a partir de esta copia, las imágenes que aparecen en el libro son de la ponencia de Eduardo Rodríguez Merchán, «La Ciudad Universitaria en el cine», disponible en YouTube.

Varios datos biográficos de José Viloria Rosado y su familia fueron consultados en el Archivo de Villa, en Madrid, en los padrones municipales de 1930-1960.

Los poemas de Pedro Luis Tedde de Lorca provienen de un folleto sin fecha conservado en la biblioteca del AECID en Madrid. Mecanografiado, fotocopiado y engrapado por una esquina, la pequeña selección lleva por título *Poemas de «Ciudad Universitaria»*.

En 2020, el artista Gerardo Aparicio tuvo la amabilidad de mantener conmigo una entrevista telefónica y una generosa correspondencia por correo electrónico.

Agradezco enormemente el apoyo de Aurora Fernández Polanco, con quien aprendí a «pensar con imágenes».

Teresa Soto ha leído varios borradores de este libro y ha contribuido con innumerables referencias y sugerencias.